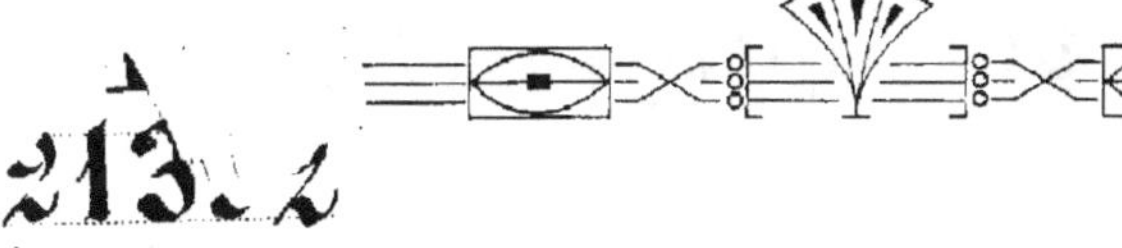

Chants

de

Gymnastique

Supplément

des Chants des Patronages

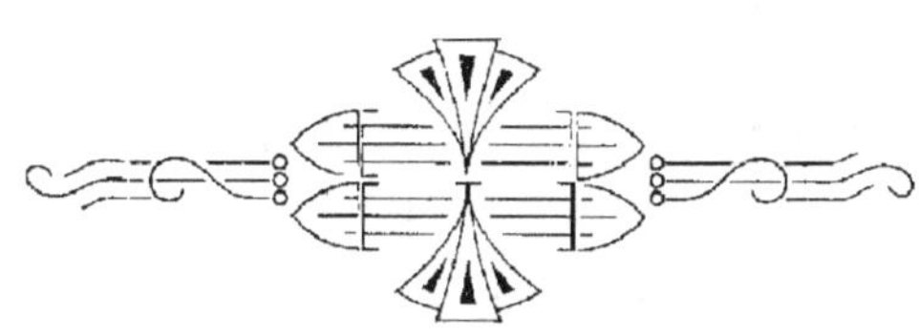

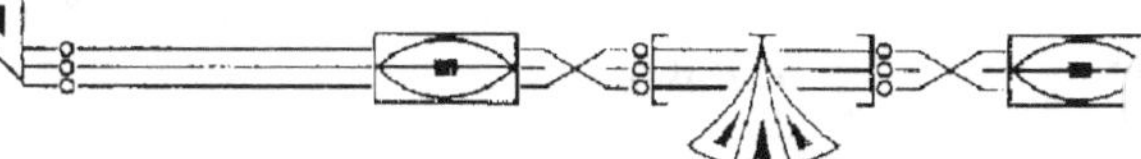

M. Colpin	Bonne Chanson	Maison Bleue, M. Noël
62, rue Esquermoise	6, place Saint-Sulpice	4, place des Petits-Pères
LILLE	PARIS	PARIS

Chants de Gymnastique

Prix du livret : 1 fr., franco 1.15. Ce prix comprend le livret complet avec quatre planches de photogravures hors texte et un supplément pour clairons et tambours.

Chants des Patronages

Ce recueil est le complément indispensable du précédent. Il renferme les chansons et la musique qui servent de thème aux exercices des Chants de Gymnastique.

Ce recueil contient en tout plus de cinquante chansons, destinées, soit à la promenade et au patronage, soit à l'atelier. Il possède en appendice une liste méthodique des compositions de chants des meilleurs maîtres, capables d'aider à la formation musicale et morale des jeunes gens.

De nombreuses illustrations et une couverture en couleurs ornent cette publication.

Prix du Livret sans musique : 0.15, franco 0.20 ; 10 ex., franco 1.90 ; 50 ex. 7 fr., franco domicile 8.65 ; 100 ex. 14.00, franco dom. 15.35.

Prix du Recueil noté : 1 fr., franco 1.15 ; 5 ex., franco 5.65. Un colis postal de 3 k. en contient 12, soit 12 fr. 85.

Pour les commandes, s'adresser aux dépositaires :
M. Colpin, libraire, 62, rue Esquermoise, Lille ;
Librairie de la Bonne Chanson, 6, place Saint Sulpice, Paris ;
Maison Bleue, M. Noël, 4, place des Petits-Pères, Paris.

Les libraires voudront bien écrire à M. Colpin, 62, rue Esquermoise, Lille, qui leur fera part des conditions spéciales qu'on peut leur offrir.

Prière d'adresser au secrétaire de rédaction, 13, rue du Dragon, Tourcoing (Nord), les observations et les renseignements nouveaux concernant le perfectionnement du recueil.

Chants

de

Gymnastique

INTRODUCTION

La gymnastique est sœur de la musique.   PLATON.

La musique et la chanson, c'est le langage choisi de l'âme qui exprime ses sentiments les plus intimes et les plus universellement humains, c'est la voix du cœur qui exalte ses affections, ses espérances, ses ardeurs. La gymnastique, au contraire, a pour but de discipliner le corps, d'ordonner ses mouvements, de développer sa résistance à l'effort.

Mais, de même qu'il y a des rapports étroits entre la pensée et l'action, entre la volonté et l'énergie physique qu'elle met en exercice, des relations s'établissent naturellement entre la gymnastique et la musique.

On dit, en effet, que c'est en accompagnant du chant certains travaux aux gestes réguliers et cadencés que les hommes songèrent à ajouter le rythme dans la musique : il se peut aussi que ce soient des séries de mouvements variés formant un ensemble harmonieux et expressif qui donnèrent naissance aux premières mélodies.

L'union du chant et du geste a certainement pour effet de développer et d'affiner le sens musical, car le mouvement rend plus précise la notion de la durée et de la valeur de chaque note et il aide à mieux sentir les émotions diverses que produit la musique.

Le directeur de patronage sait l'importance que peut avoir la chanson pour la formation de ses jeunes gens [1] *: cette méthode aura l'avantage de la rendre plus aimée et mieux comprise.*

Nos œuvres trouvent aussi dans la gymnastique un auxiliaire utile dont la portée éducative est souvent constatée. Le complément du chant peut être l'occasion de progrès nouveaux.

Au simple point de vue physique, il semble naturel de joindre au mouvement des bras et des jambes un mouvement régulier et accompagné d'un certain effort du tissu pulmonaire. Le chant continu aboutira tout au moins à empêcher désormais l'arrêt brusque de la respiration et la contraction trop violente des poumons durant l'exercice ; il servira en un mot à répartir les efforts sur un plus grand nombre des organes du corps.

Une combinaison minutieuse des mouvements et du chant permet d'obtenir une concordance parfaite sans entraîner une fatigue supplémentaire trop grande ni dépasser les limites des efforts convenables au-dessus desquelles la gymnastique n'est plus profitable.

Les éducateurs de la jeunesse cherchent aussi dans les exercices physiques un moyen de procurer des excitations d'énergie pour la volonté, des leçons d'ordre et de souplesse pour l'action, des habitudes de franchise et d'initiative pour la vie avec les autres.

Il faut dire que ces résultats supérieurs ne sont pas toujours atteints, et c'est peut-être parce que l'enseignement de la gymnastique ne se préoccupe pas assez de les faire naître par ses méthodes et ses procédés.

Il est difficile, par exemple, de prendre grand intérêt à une série de mouvements dont le rapprochement est tout scientifique, dont le but est de faire travailler successivement les différents muscles du corps. Le jeune homme apprendra avec plus de goût et il exécutera avec plus d'entrain des exercices qui, tout en gardant leur valeur intégrale de formation physique, se développent simultanément avec une phrase musicale et sont liés aux figures et aux pensées d'une chanson. En participant ainsi tout entier, corps et âme

[1] *Voir la Préface du recueil intitulé : « Chants des Patronages » et un article sur ce sujet dans la « Revue des Patronages », N° 3, Mars 1912.*

peut-on dire, aux mouvements de la gymnastique, l'élève accomplira un acte vraiment éducatif : il profitera de toute la différence qui existe entre la discipline passive du commandement accepté et la discipline personnelle d'un effort conscient et intelligemment exécuté.

Pour des raisons analogues, la concordance de la musique et du chant rendra plus sensible la beauté plastique réalisée dans les poses gymnastiques. Et, en effet, si la beauté d'une attitude ne réside pas seulement dans cette attitude même, mais dans l'émotion et les sentiments qu'elle inspire, chaque pose sera d'autant plus esthétique qu'elle sera accompagnée d'une émotion plus sincère et plus profonde.

Grâce au chant, chaque mouvement d'une série sera véritablement un mouvement expressif, puisqu'il sera comme l'illustration d'un passage musical ; et il y aura de la souplesse et de l'unité dans l'ensemble, parce que chaque geste apparaîtra comme une partie intégrante d'une action qui se déroule harmonieusement dans la cadence du rythme et la mélodie des sons.

Les spectateurs qui assistent à nos fêtes de patronage et à nos concours régionaux seront vivement impressionnés par cette gymnastique réelle et vivante. Au lieu de l'admiration un peu factice provoquée par la vue d'exercices compliqués, ils jouiront du plaisir plus complet qui résulte de la contemplation de la vie en action et de l'enchaînement régulier de mouvements symboliques [1].

Il importe que les jeunes gens comprennent que la force physique et l'énergie de la volonté ont pour but de s'aider mutuellement : l'ambition du gymnaste doit être de se préparer un corps robuste et une âme vaillante.

---

[1] On a grandement raison de se préoccuper de plaire au public dans les fêtes de gymnastique, mais que ce ne soit pas au détriment de la gymnastique elle-même. On a cru bien faire d'adopter un peu partout les exercices chorégraphiques. Les chants de ce recueil présenteront autant d'intérêt et ils empêcheront d'abuser de ces exercices qui ne sont souvent autre chose qu'une contrefaçon de la danse, sans valeur gymnastique réelle et sans préoccupation éducative.

Pour rappeler cet idéal à tout instant, le secours de la chanson ne sera pas superflu. En associant chaque effort à une noble pensée, chaque geste à un sentiment élevé, le chant fera pénétrer peu à peu dans la conscience ces deux principes de vie, à savoir que toute action ne vaut pas seulement par ses effets, mais aussi par l'intention qui la dirige, et qu'inversement les convictions sont bien imparfaites qui ne se traduisent pas immédiatement en actes.

Les liens étroits d'une amitié bienfaisante doivent se développer parmi les jeunes gens de nos sociétés sportives ; mais, tandis qu'il n'existe qu'une solidarité superficielle et passagère entre ceux qui associent pour un instant la puissance de leurs muscles sous le même commandement, une sympathie véritable rapproche ceux qui agissent en commun sous l'inspiration des mêmes sentiments et qui chantent en même temps leurs joies, leurs ardeurs, leur désir du bien.

Cela seul serait déjà un excellent résultat que de faire grandir chez tous l'esprit d'union et de fraternité et comme la sensation d'une âme collective.

Nous ne prétendons pas avoir épuisé dans ce petit livre toutes les applications d'un programme si complet. Nous souhaitons seulement que ce modeste essai rende service aux patronages et provoque çà et là des travaux plus parfaits.

Nous avons emprunté la partie musicale dans le recueil des Chants des Patronages [1]*, qui nous offrait un choix très intéressant et bien approprié à notre but. Les séries de mouvements, composées par des professeurs éminents, ont été pour la plupart expérimentés dans une société de gymnastique avant leur adoption définitive. Ces exercices très variés tendent à faire travailler le plus possible toutes les parties du corps. On a compris, en effet, aujourd'hui, que ce qui importe dans l'enseignement de la gymnastique, c'est moins de développer la force musculaire pour elle-même que d'assurer à l'individu une plus grande résistance aux*

[1] *Chants des Patronages. Voir les renseignements et prix au verso de la couverture de ce recueil.*

fatigues et aux maladies, moins de préparer à quelques tours extraordinaires que d'apprendre à mettre de la souplesse, de l'adresse et de la rapidité dans tous les actes physiques.

Si l'on a particulièrement usé des mouvements qui élargissent la cage thoracique, c'est que ces mouvements sont d'une grande importance et qu'ils avaient leur place indiquée dans des exercices chantés où la poitrine accomplit un travail notable et continu.

Enfin, ces progressions de gymnastique suivent pas à pas le rythme musical, s'adaptent à la mélodie et au texte de la chanson : les mouvements sont tantôt calmes et faciles, tantôt plus amples et plus étendus pour affirmer un temps fort, marquer une pensée énergique. C'est là d'ailleurs, comme on l'a dit plus haut, la principale particularité de notre méthode.

Puissent les résultats satisfaire ceux qui l'auront employée !

En rapprochant pour une étroite collaboration la gymnastique et la musique, que Platon appelle deux sœurs amies, nous ne souhaitons rien d'autre que d'augmenter la valeur éducative de l'une et de l'autre et réaliser davantage l'unité de la vie.

NOTATION

employée dans cet ouvrage.

— ❊ —

Voici la méthode que nous avons suivie pour faciliter la lecture, puis l'étude de ces exercices.

Nous avons gardé la manière habituelle de diviser en mesures de quatre temps chaque série d'exercices. Une mesure de quatre temps ne comporte généralement qu'un mouvement qui s'exécute au premier temps. Dans notre texte, c'est la seconde colonne de chiffres qui est affectée aux mouvements et le temps d'exécution est imprimé en caractères gras.

La première colonne marque au contraire la relation entre les exercices et la musique.

La musique, en effet, peut, elle aussi, se diviser en mesures de quatre temps, et nous avons indiqué cette division sur la musique même par un petit trait au-dessus de chaque nouvelle mesure ¹. Nous avons surmonté ce trait d'un chiffre qui se trouve ainsi correspondre à chaque mesure de quatre temps de la gymnastique.

On lit, par exemple, au refrain de la première chanson, page 4 :

4   **1**231 *Porter les bras tendus en avant.*

Cela signifie que ce geste doit se faire au premier temps de la mesure 4 du refrain, au moment où l'on chante la dernière syllabe du second vers : vai**llants**.

Il faut dire, d'ailleurs, que cette concordance du chant et des mouvements se fait naturellement et que ces chiffres seront rarement nécessaires. Néanmoins, pour éviter toute erreur et

---

¹ Les clichés si réduits qui sont placés en tête de chaque exercice ont simplement pour but d'indiquer cette division. Pour bien se rendre compte de la musique, on se servira du recueil complet des *Chants des Patronages.*

pour permettre à ceux qui apprendront cinq ou six mouvements d'une série à la fois, de retrouver le mot où ils se sont arrêtés, on a remplacé devant chaque série d'exercices le couplet correspondant avec l'indication en lettres italiques de la première syllabe de chaque mesure et leur numérotation.

Conseils pour la bonne exécution des exercices [1].

Ces exercices faisant partie du programme de la gymnastique éducative s'adressent à tous les âges : ils ont l'avantage d'être toujours utiles et de profiter en raison de la perfection avec laquelle on les exécute. Toutefois les plus jeunes trouveront plus de facilité aux exercices avec drapeaux, avec cerceaux, à toute la 5e partie ci, s'ils ne sont pas des tout débutants, à la chanson Sambre-et-Meuse et à Jeanne d'Arc.

La meilleure méthode d'enseignement est d'apprendre d'abord le chant, puis les mouvements séparément. Quand ceux-ci seront à peu près connus par cœur, on exécutera l'exercice complet.

Durant cette exécution, le chant doit être rendu sans précipitation, mais plutôt avec lenteur. On s'efforcera de tenir compte des nuances signalées à la fin de chaque chanson et on aura soin d'éviter toujours les « coups de voix » au début des mesures et les arrêts dans le rythme qui ne sont pas exigés par la musique.

On respirera d'une façon régulière et on évitera ainsi l'essoufflement. Pour empêcher la fatigue, on donnera un temps de repos après chaque refrain. Des intermèdes de clairons ont été réunis à cet effet dans un petit supplément.

(1) Il ne nous appartient pas de multiplier ici des remarques d'un caractère général sur la gymnastique. On les trouverait nombreuses et pratiques dans les livres du lieutenant Hébert : *L'Éducation physique raisonnée*, *Guide pratique d'Éducation physique*, 3 fr. et 8 fr., chez Vuibert, Paris.

S'il s'agit de jeunes pupilles peu habitués au travail gymnastique, on pourra leur adjoindre un petit groupe d'enfants dont l'unique rôle sera de chanter les paroles, tandis que les autres donneront leur attention et leur force à la bonne exécution des mouvements, sans cependant cesser totalement le chant.

De toute façon, il sera bon que durant chaque exercice quelques gymnastes, trois ou quatre par exemple, ne chantent pas eux-mêmes, mais comptent à haute voix les mesures et les temps pour maintenir la régularité parfaite du rythme et des mouvements.

Il est avantageux de **commencer chaque mouvement nouveau légèrement avant de chanter la syllabe correspondante.** Ce procédé rendra bien plus facile et plus souple l'exécution totale.

Les mouvements doivent se faire avec la plus grande amplitude possible, mais cela ne veut pas dire qu'ils peuvent être brusques et saccadés 1. Les contractions énergiques et régulières sont les seules qui conviennent en bonne gymnastique. La durée de chaque mouvement ne dépassera pas un temps ou un temps 1 2, suivant les exercices.

Enfin, il est également important au point de vue physique et esthétique de veiller à obtenir une position initiale d'une correction parfaite. Pendant l'exercice, les parties du corps non intéressées directement doivent conserver constamment entre elles cette rectitude absolue de la station droite.

1) *Nous serons heureux de recevoir les appréciations, les observations et les renseignements nouveaux au sujet de ce recueil et des essais du même genre tentés dans les sociétés sportives. Écrire à M. Eugène Caullies, rue du Dragon, Tourcoing (Nord).*

I

Série d'ensembles

avec cerceaux

Marche
des Patronages [1]

(N° 2 du Recueil complet.)

Dimension des cerceaux : *0 m. 50 cm. de diamètre.*

Position initiale : *Le cerceau dans les deux mains, bras tendus en bas Fig. 1.*

Quatre temps d'arrêt entre chaque couplet et le refrain.

Formation du groupe. — *Prendre place sur la scène ou le terrain d'exercice de façon à ce que chaque gymnaste soit distant de ses voisins de la longueur d'un bras et demi. Exécuter cette marche d'entrée bras tendus en avant Fig. 2 pendant que l'on joue l'intermède de clairons. En s'arrêtant, revenir à la position initiale.*

(1) Les exercices qui suivent ont été étudiés pour s'adapter aux couplets de cette manière : 1ᵉʳ Exercice avec le couplet 3 du recueil complet « Nous, les petits enfants de France ». — 2ᵉ Exercice avec le couplet 2 : « Nous ne connaissons pas la haine ». — 3ᵉ Exercice avec le couplet 4.
Musique de H. Comos. Reproduction interdite.

PREMIER COUPLET

1,2 Nous, les *petits* enfants de *France*,
3,4 Du doux *pays* aux nobles *cœurs*,
5,6 Comme un *symbole* d'espérance
7,8 Nous sal*uons* ses trois *couleurs*.
9,10 Et s'il lui *fallait* notre *vie*,
11,12 Nous marche*rions* vaillants, *demain*,
13,14 Les yeux *fixés* sur la *patrie*
15,16 Et son beau *drapeau* dans la *main*.

1 **1**234 Porter les bras tendus en avant *(Fig. 2)*.

2 **1**234 Se fendre du pied droit à droite, jambes tendues, bras droit étendu latéralement à droite, main gauche contre l'épaule droite *(Fig. 3)*.

3 **1**234 Se redresser talons réunis, bras en haut *(Fig. 5)*.

4 **1**234 Se fendre du pied gauche à gauche, jambe tendue, bras gauche étendu latéralement à gauche, main droite contre l'épaule gauche.

5 **1**234 Porter le bras gauche tendu en avant.

6 **1**234 Porter le bras droit tendu en avant et ramener le pied gauche contre le droit *(Fig. 2)*.

7 **1**234 Elever les deux bras verticalement. Elever légèrement en arrière la jambe gauche tendue, le poids du corps se trouvant sur la jambe droite. *(On peut se rendre compte de cette position par la fig. 12.)*

8 **1**234 Poser le pied gauche à côté du droit, position initiale.

9 **1**234 Porter les bras tendus en avant ; lever la jambe droite tendue en avant, à 30 c. m. du sol.

10 **1**234 Poser la jambe droite sur le sol en avant ; grande flexion du corps en avant, le cerceau à 10 c. m. du sol.

11 **1**234 Se redresser talons réunis, bras en haut.

12 **1**234 Se fendre du pied droit à droite, jambe tendue, bras droit étendu latéralement à droite, main gauche contre l'épaule droite.

13 **1**234 Porter le bras droit tendu en avant.

14 **1**234 Porter le bras gauche tendu en avant et ramener le pied droit contre le gauche.

15 **1**234 Elever les deux bras verticalement. Elever légèrement
la jambe droite en arrière, le poids du corps sur la
jambe gauche.

16 **1**234 Position initiale.

REFRAIN [1]

1 **1**2 Porter les bras tendus en avant (*Fig. 2*).

   34 Porter la main gauche à l'épaule droite (*Fig. 1*).

2 **1**2 Etendre le bras droit latéralement (*Fig. 3 sans la fente
des pieds*).

   34 Porter les deux bras tendus en avant (*Fig. 2*).

3 **1**2 Porter la main droite à l'épaule gauche.

   34 Etendre le bras gauche latéralement.

4 **1**234 Porter les deux bras tendus en avant.

5 **1**2 Elever les deux bras verticalement (*Fig. 5*).

   34 Abaisser la main gauche à l'épaule droite.

6 **1**2 Relever le bras gauche verticalement (*Fig. 5*).

   34 Abaisser la main droite à l'épaule gauche.

7 **1**2 Relever le bras droit verticalement (*Fig. 5*).

   34 Porter les bras tendus en avant (*Fig. 2*).

8 **1**234 Position initiale.

*Après chaque refrain, repos quelques instants : voir l'intermède
de clairons au supplément* 2 .

DEUXIÈME COUPLET

1,2 Nous ne *connaissons* pas la *haine*.

3,4 A notre âge *on* ne sait qu'*aimer :*

5,6 Nos cœurs sont *unis d'une chaîne*

7,8 Que l'enfer *ne* pourra briser.

9,10 N'apprenons *jamais* à maudire :

11,12 Pour tous, messagers de *bonheur*.

13,14 Ayons sur *la* lèvre un sourire.

15,16 Et la charité dans le cœur.

(1) Si l'on trouve trop difficile la vitesse de deux mouvements par mesure, il sera facile de combiner un ensemble avec un mouvement pour quatre temps.

(2) Si l'on se sert de cet intermède, on fera bien de baisser le chant d'un ton pour être en harmonie avec les clairons.

1   **1**234   Porter les bras tendus en avant ; lever la jambe gauche
tendue, en avant, à 30 c. m. du sol.

2   **1**234   Poser la jambe gauche sur le sol en avant ; grande
flexion du corps en avant, le cerceau à 10 c. m. du sol
(Fig. 6).

3   **1**234   Balancer les bras par en haut, bras gauche tendu latéralement à gauche, main droite contre l'épaule droite.

4   **1**234   Ramener le pied droit près du gauche, bras tendus en
avant *(Fig. 2)*.

5   **1**234   Se fendre du pied droit en avant, jambe légèrement
fléchie, ramener la main gauche à l'épaule droite
(Fig. 4, plus la fente en avant).

6   **1**234   Tendre la jambe droite, élever le bras droit seulement.

7   **1**234   Élever le bras gauche verticalement *(Fig. 5, plus la
fente en avant)*.

8   **1**234   Ramener le pied droit près du gauche et les bras à la
position initiale.
Puis on recommence du bras gauche les mêmes mouvements.

9   **1**234   Porter les bras tendus en avant.

10   **1**234   Se fendre du pied gauche à gauche, jambes tendues,
bras gauche étendu latéralement à gauche, main
droite contre l'épaule gauche.

11   **1**234   Balancer les bras par en bas, bras droit tendu latéralement à droite, main gauche contre l'épaule droite.

12   **1**234   Ramener le pied gauche près du droit, bras tendus en
avant.

13   **1**234   Se fendre du pied gauche en avant, jambe légèrement
fléchie, ramener la main droite à l'épaule gauche.

14   **1**234   Tendre la jambe gauche, élever verticalement le bras
gauche.

15   **1**234   Élever le bras droit verticalement.

16   **1**234   Position initiale. — *Au refrain immédiatement.*

TROISIÈME COUPLET

1,2   Fils de la *France* et de l'*Église*.

3,4   Soyons leur *fidèles toujours*.

5,6   « Dieu, Patrie » *est* notre devise ;
7,8   Soyons fiers *de ces deux amours*.
9,10 Quand plus tard *nous* serons des *hommes*,
11,12 Non, nous ne *trahirons* jamais,
13,14 Restant *toujours* ce que nous *sommes* :
15,16 Bons catholiques, bons *Français*.

1 1234 Se fendre du pied gauche à gauche, bras tendus en avant.

2 1234 Pivoter sur les talons pour être face à gauche ; les bras ont tourné à gauche avec le reste du corps, mais n'ont pas cessé de rester tendus en avant de la poitrine. Jambe gauche légèrement fléchie.

3 1234 Ramener la main droite à l'épaule gauche.

4 1234 Lever verticalement le bras gauche, jambe gauche tendue.

5 1234 Lever verticalement le bras droit *Fig. 7*.

6 1234 Porter les deux bras tendus en avant de la poitrine.

7 1234 Revenir face en avant, talons réunis, bras droit tendu en avant, main gauche à l'épaule droite.

8   Position initiale.

9 à 16 Répéter la série du bras opposé et face à droite, c'est-à-dire : Se fendre du pied *droit* à droite, bras tendus en avant.   Pivoter sur les talons pour être face à *droite*, etc.

Observations pour le chant.

REFRAIN.   *Le chanter avec entrain, mais sans trop scander les paroles. Les mouvements, à cause de leur succession rapide, doivent être faits vivement, mais sans saccade.*

COUPLETS.   *Veiller aussi à ne pas saccader les mouvements et le chant. Rendre le rythme du morceau le plus sensible possible, en mettant beaucoup de chant et d'ampleur dans la voix et beaucoup de souplesse dans les gestes.*

A chaque couplet, accentuer les mesures 2, 3 et 4, 7 et 8, 15 et 16.

II

Série d'ensembles

avec barres

(N° 3 des Chants des Patronages.)

Appareils : *Barres de 1 m. 10 de longueur.*

Position initiale : *La barre est tenue des deux mains, bras tendus en bas Fig. 8.*

Formation du groupe : *Prendre place sur la scène ou le terrain d'exercice de façon à ce que chaque gymnaste soit distant de ses voisins de la longueur de deux bras. Exécuter cette marche d'entrée, bras tendus en avant, pendant que l'on joue l'intermède de clairons. A la dernière mesure, s'arrêter et ramener les bras à la position initiale.*

PREMIER COUPLET

1 **1234** Porter les deux bras tendus en avant.

2 **1234** Etendre le bras droit à droite, main gauche à l'épaule droite Fig. 10.

3 **1**234 Baisser le bras droit en laissant la main gauche à
l'épaule *(Fig. 11)*.

4 **1**234 Porter le bras droit tendu en haut en passant par le
côté *(Fig. 12)*.

5 **1**234 Étendre le bras gauche en haut, la barre horizontale.

6 **1**234 Baisser le bras droit fléchi, la main contre l'épaule
gauche, le bras gauche restant levé.

7 **1**234 Baisser le bras gauche en bas, main droite restant à
l'épaule gauche *(Fig. 11, mais barre à gauche)*.

8 **1**234 Porter le bras gauche latéralement à gauche *(Fig. 10,
mais barre à gauche)*.

9 **1**234 Porter les bras tendus en haut.

10 **1**234 Extension horizontale des bras en avant.

11 **1**234 Porter la main gauche à l'épaule droite, le bras droit en
haut, coude bien en dehors, barre verticale *(Fig. 12)*.

12 **1**234 Descendre la barre verticalement vers le côté gauche,
l'extrémité vers le talon gauche, le bras gauche
tendu en bas le long de la couture du pantalon,
main droite à hauteur de poitrine sur le côté gauche.

13 **1**234 Ramener les deux bras tendus en avant, barre horizontale.

14 **1**234 Porter la main droite à l'épaule gauche, le bras gauche
en haut, coude bien en dehors, barre verticale.

15 **1**234 Descendre la barre verticalement vers le côté droit,
l'extrémité vers le talon droit, le bras droit tendu en
bas le long de la couture du pantalon, main gauche
à hauteur de poitrine sur le côté droit.

16 **1**234 Position initiale *(Fig. 8)*.

REFRAIN [1]

1 **1**234 Fente gauche en avant en portant la main gauche
contre l'épaule droite, le bras droit tendu en bas
(Fig. 11).

(1) Remarquer que les huit dernières mesures du refrain (9 à 16) ne
sont que la répétition des huit premières, les mouvements étant com-
mencés par la fente droite au lieu de la fente gauche.

2 **1234** Lancer la barre en avant et en haut, bras gauche
tendu, bras droit fléchi *Fig. 15*.

3 **1234** Tendre le bras droit, la barre horizontale au-dessus
de la tête, jambe gauche tendue.

4 **1234** Replacer le pied gauche près du droit, mains aux
épaules.

5 **1234** Se fendre du pied droit à droite, jambes tendues, barre
latéralement à droite, bras droit tendu, main gauche
à l'épaule droite.

6 **1234** Pivoter sur les talons pour faire face à droite et porter
le bras gauche en avant, de façon à avoir les deux
bras tendus horizontalement en avant de la poitrine.

7 **1234** Revenir face en avant, talons réunis, deux bras tendus
en haut.

8 **1234** Mains aux épaules *Fig. 9*.

9 **1234** Fente droite en avant en portant la main droite contre
l'épaule gauche, le bras gauche tendu en bas.

10 **1234** Lancer la barre en haut, bras droit tendu, bras gauche
fléchi.

11 **1234** Tendre le bras gauche, la barre horizontale au-dessus
de la tête.

12 **1234** Replacer le pied droit près du gauche, mains aux
épaules.

13 **1234** Se fendre du pied gauche à gauche, jambes tendues,
barre latéralement à gauche, bras gauche tendu,
main droite à l'épaule gauche.

14 **1234** Pivoter sur les talons pour être face à gauche et porter
le bras droit en avant, de façon à avoir les deux
bras tendus horizontalement en avant de la poitrine.

15 **12** Revenir face en avant, talons réunis, deux bras tendus
en haut.

   34 Mains aux épaules *Fig. 9*.

16 **1234** Position initiale *Fig. 8*.

DEUXIÈME COUPLET [1]

1,2	*Si des poltrons te traitent de guenille*
3,4	*Et n'ont pour toi que des rires moqueurs.*
5,6	*Nous, on n'est pas, pour sûr, de leur famille !*
7,8	*Emblème saint, tu fais vibrer nos cœurs.*
9,10	*Chacun de nous a l'âme haute et fière.*
11,12	*Et nous savons tout ce que l'on te doit...*
13,14	*Chacun de nous, durant sa vie entière.*
15,16	*Pour ton honneur, suivra le chemin droit !*

1 **1**234 Pas gauche fendu en avant, bras tendus en avant.

2 **1**234 Fléchir un peu la jambe gauche, jambe droite tendue, la main gauche contre l'épaule droite, le bras droit tendu en arrière, la barre horizontale *Fig. 16*.

3 **1**234 Tendre la jambe gauche, fléchir la jambe droite, faire décrire à la barre 3 4 de cercle, d'arrière, avant et par en haut, le bout de la barre à 20 c. m. du sol, le bras droit restant tendu *Fig. 17*.

4 **1**234 Revenir à la position initiale *Fig. 8*.

5 **1**234 Pas droit fendu en avant, bras tendus en avant.

6 **1**234 Fléchir un peu la jambe droite, jambe gauche tendue, la main droite contre l'épaule gauche, le bras gauche tendu en arrière, la barre horizontale.

7 **1**234 Tendre la jambe droite, fléchir la jambe gauche, faire décrire à la barre 3 4 de cercle, d'arrière en avant en passant par en haut, le bout de la barre à 0,10 du sol, le bras gauche restant tendu.

8 **1**234 Revenir à la position initiale.

9 **1**234 Faire face à gauche et en même temps se fendre du pied gauche, bras tendus en avant *comme à la 1re mesure, mais face à gauche*.

(1) Faire remarquer, en apprenant ce couplet, qu'il se compose d'une série de mouvements répétés quatre fois, d'abord fente du pied gauche (mesure 1 à 4), puis fente du pied droit (mesure 5 à 8), mêmes mouvements face à gauche (mesure 9 à 12) et face à droite (mesure 13 à 16).

10 **1**234 Fléchir un peu la jambe gauche, la jambe droite tendue, la main gauche contre l'épaule droite, le bras droit tendu en arrière, la barre horizontale.

11 **1**234 Tendre la jambe gauche, fléchir la jambe droite, faire décrire à la barre 3 4 de cercle, d'arrière en avant en passant par en haut, le bout de la barre à 0.20 cm. du sol, le bras droit restant tendu.

12 **1**234 Revenir face en avant à la position initiale.

13 **1**234 Faire face à droite et en même temps se fendre du pied droit, bras tendus en avant *comme à la 5e mesure, mais face à droite*.

14 **1**234 Fléchir un peu la jambe droite, jambe gauche tendue, la main droite contre l'épaule gauche, le bras gauche tendu en arrière, la barre horizontale.

15 **1**234 Tendre la jambe droite, fléchir la jambe gauche, faire décrire à la barre 3 4 de cercle, d'arrière en avant en passant par en haut, le bout de la barre à 0.20 cm. du sol, le bras gauche restant tendu.

16 **1**234 Revenir face en avant à la position initiale.

TROISIÈME COUPLET

1,2 On nous a *dit* la magnifique *histoire*

3,4 Des trois *couleurs* de notre beau *pays* ;

5,6 Nous sommes *fiers* de ce drapeau de *gloire*

7,8 Et des *vertus* qui brillent dans ses *plis*.

9,10 Et nous *avons* la courageuse *envie*

11,12 De faire ainsi qu'ont fait nos grands *aïeux* :

13,14 À leur *exemple* et pour notre *patrie*.

15,16 Efforçons-*nous* de vivre toujours *mieux* !

1 **1**234 Tendre les bras en avant et fente du pied droit à droite.

2 **1**234 Elever la jambe gauche de côté en portant la barre latéralement à droite.

3 **1**234 Replacer le pied gauche à terre en portant les bras tendus en haut.

4 **1**234 Elever la jambe droite de côté en portant la barre
        latéralement à gauche.

5 **1**234 Replacer le pied droit à terre en portant les bras
        tendus en haut.

6 **1**234 Faire face à gauche en portant le genou droit à terre,
        la barre derrière la tête *Fig. 8* ou aux épaules.

7 **1**234 Porter les bras tendus en haut.

8 **1**234 Se relever en faisant face en avant, bras aux épaules,
        pieds réunis *Fig. 9*.

9 **1**234 Porter les bras tendus en haut et fente du pied droit
        à droite.

10 **1**234 Faire face à droite en portant le genou gauche en
        terre, la barre derrière la tête ou aux épaules.

11 **1**234 Porter les bras tendus en haut.

12 **1**234 Se relever en faisant face en avant, bras aux épaules,
        pieds réunis *Fig. 9*.

13 **1**234 Porter le bras gauche tendu latéralement à gauche,
        main droite contre l'épaule gauche.

14 **1**234 Porter le bras droit tendu latéralement à droite, main
        gauche contre l'épaule droite.

15 **1**234 Bras tendus en avant.

16 **1**234 Position initiale.

Observations pour le chant.

REFRAIN. *Garder une cadence régulière, sans accentuer
trop fort les rondes.*

COUPLETS. *Les chanter d'une façon très dégagée, afin que
le rythme apparaisse plus léger. Accentuer la première note des
mesures 1, 2, 3, 7, 11, 12, mais sans prolonger leur durée.*

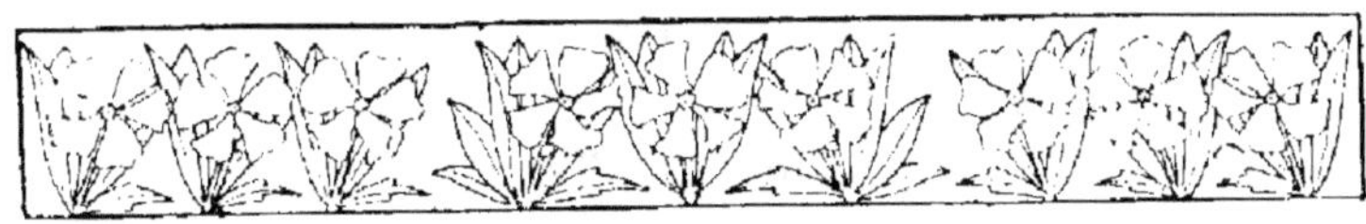

(N° 25 des Chants des Patronages.)

Accessoires : *Barres comme pour le n° précédent, ou mieux barres de 1,25 garnies à chaque extrémité d'une petite* oriflamme *Les oriflammes ont 12 c m de largeur sur 20 c m de longueur. Position initiale et formation du groupe, comme au précédent.*

PREMIER COUPLET [1]

1 **1234** Bras tendus en avant.

2 **1234** Bras tendus en haut.

3 **1234** Bras tendus en avant et fente du pied droit à droite.

4 **1234** Porter la barre latéralement à droite, bras droit tendu, la main gauche contre l'épaule droite *Fig. 10. sauf la position des pieds* .

5 **1234** Porter les bras tendus en avant.

(1) Musique : reproduction interdite.

6 **1**234 Faire face à gauche en posant le genou droit à terre, barre verticale, main gauche en haut, main droite en bas, bras tendus.

7 **1**234 Faire décrire à la barre un 1/2 cercle, de façon à ce que l'extrémité qui était en haut se trouve en bas. La barre est de nouveau verticale. La main droite se trouve au-dessus, la main gauche vers le bas, les bras tendus.

8 **1**234 Placer la barre horizontale en lui faisant faire un 1/4 de cercle, bras tendus en avant de la poitrine.

9 **1**234 Se redresser face en avant, talons réunis, bras fléchis, mains aux épaules.

10 **1**234 Porter les bras tendus horizontalement en avant.

11 **1**234 Bras tendus en haut.

12 **1**234 Porter les bras tendus horizontalement en avant.

13 **1**234 Faire face à droite en posant le genou gauche à terre, barre verticale, main droite en haut, main gauche en bas, bras tendus.

14 **1**234 Faire décrire à la barre un 1/2 cercle, de façon à ce que l'extrémité qui était en haut se trouve en bas. La barre est à nouveau verticale. La main gauche est au-dessus, la main droite vers le bas, bras tendus.

15 **1**234 Placer la barre horizontale en lui faisant faire un 1/4 de cercle, bras tendus en avant de la poitrine.

16 **1**234 Se redresser face en avant, jambes tendues, bras fléchis, mains aux épaules.

17 **1**234 Porter les bras tendus en avant.

18 **1**234 Position initiale.

REFRAIN

1 **1**234 Porter le bras droit en haut, coude bien en dehors, barre verticale, main gauche contre l'épaule droite *Fig. 12*.

2 **1**234 Fente en avant du pied gauche, abaisser horizontalement le bras droit en avant pour saluer, sans bouger le bras gauche.

3 **1**234 Ramener le pied gauche près du droit et relever le bras droit en haut, main gauche toujours fixe *Fig. 12*.

4 **1**234 Abaisser verticalement la barre de façon à ce qu'elle
vienne se placer du côté gauche, son extrémité vers
le talon gauche. Le bras gauche est tendu en bas le
long de la couture du pantalon, la main droite est à
hauteur de poitrine et tient la barre comme à la
position de l'arme au pied.

5 **1**234 Porter les bras en avant, barre horizontale.

6 **1**234 Ramener la main droite contre l'épaule gauche et
porter en même temps le bras gauche en haut,
coude bien en dehors, barre verticale *Fig. 12, dans
le sens inverse*.

7 **1**234 Fente en avant du pied droit; abaisser horizontalement
le bras gauche en avant, sans bouger le bras droit.

8 **1**234 Ramener le pied droit près du gauche, relever le bras
gauche en haut, bras droit toujours contre l'épaule
gauche.

9 **1**234 Abaisser verticalement la barre de façon à ce qu'elle
vienne se placer du côté droit, son extrémité vers le
talon droit. Le bras droit est tendu en bas, le long
de la couture du pantalon; la main gauche est à la
hauteur de poitrine et tient la barre comme à la
position de l'arme au pied.

10 **1**234 Elever latéralement le bras droit à droite, main gauche
restant contre l'épaule droite *Fig. 10*.

11 **1**234 Porter la barre latéralement à gauche, main droite
contre l'épaule gauche; faire ce demi-cercle en
passant par en bas ou par en haut.

12 **1**234 Position initiale.

Repos durant quelques instants avec intermède des clairons.

DEUXIÈME COUPLET

1,2   *Elevant bien haut sa bannière.*

3,4   *Elle précédait ses soldats.*

5,6   *Et la courageuse guerrière*

7,8   *Les rendait vainqueurs aux combats.*

9,10   *Arrachant de sa main vaillante*

11,12 L'horrible fer qui la bless*ait*.
13,14 *Pour* la France, toute *contente*.
15,16 *Jeanne* la guerrière souf*frait*.
17,18 Jeanne la *guerrière* souf*frait*.

1 **1234** Élever le bras droit tendu en haut, barre verticale, main gauche contre l'épaule droite *Fig. 12*.

2 **1234** Tendre le bras gauche pour avoir les deux bras tendus en haut.

3 **1234** Se fendre du pied gauche en avant et fléchir un peu sur cette jambe; porter en même temps la barre horizontalement en arrière, bras droit tendu en arrière, main gauche contre l'épaule droite *Fig. 16*.

4 **1234** Lancer la barre en avant en faisant faire aux bras 3/4 de cercle par en bas, puis en avant, de façon à revenir les bras tendus en haut.

5 **1234** Rassembler le pied gauche au droit, laisser le bras gauche tendu, barre verticale, main droite contre l'épaule gauche.

6 **1234** Tendre le bras droit pour avoir les deux bras tendus en haut.

7 **1234** Se fendre du pied droit et fléchir un peu sur cette jambe; porter en même temps la barre horizontalement en arrière, bras gauche tendu en arrière, main droite contre l'épaule gauche.

8 **1234** Lancer la barre en avant en faisant faire aux bras 3/4 de cercle par en bas, puis en avant, de façon à revenir les bras tendus en haut.

9 **1234** Ramener le pied droit en arrière, de façon à se trouver dans la position de fente du pied gauche; abaisser la barre, main gauche contre l'épaule droite, bras droit tendu en bas *Fig. 14*.

10 **1234** Ramener le pied droit contre le pied gauche, bras tendus en avant.

11 **1234** Porter la barre latéralement à gauche, main droite contre l'épaule gauche.

12 **1234** Fente du pied gauche en avant, bras tendus en avant.

13 **1**234 Ramener le pied gauche en arrière, de façon à se trouver dans la position de fente du pied droit; abaisser la barre, main droite contre l'épaule gauche, bras gauche tendu en bas.

14 **1**234 Ramener le pied gauche contre le pied droit, bras tendus en avant.

15 **1**234 Porter la barre latéralement à droite, main gauche contre l'épaule droite.

16 **1**234 Fente du pied droit en avant, bras tendus en avant.

17 **1**234 Ramener le pied droit contre le gauche, bras tendus en haut.

18 **1**234 Position initiale.

TROISIÈME COUPLET

1,2 *Lorsque la flamme meurtrière*

3,4 *De l'immense bûcher monta.*

5,6 *On l'entendit dans sa prière*

7,8 *Murmurer: Jhesus! Maria!*

9,10 *Intrépide dans la souffrance.*

11,12 *Aux bourreaux elle pardonnait*

13,14 *Et pour le salut de la France*

15,16 *Jeanne la martyre expirait.*

17,18 *Jeanne la martyre expirait!*

1 **1**234 Pas gauche tendu en avant, bras en avant, jambe gauche légèrement fléchie.

2 **1**234 Tendre la jambe gauche, bras en haut.

3 **1**234 Fléchir la jambe gauche, la barre aux épaules *Fig. 5. sauf la position des pieds*.

4 **1**234 Tendre la jambe gauche, bras en haut.

5 **1**234 Fléchir la jambe gauche, bras en avant.

6 **1**234 Rassembler le pied gauche au droit à la position initiale.

7 **1**234 Pas droit tendu en avant, bras en avant, jambe droite légèrement fléchie.

8 **1**234 Tendre la jambe droite, bras en haut.

9 **1**234 Fléchir la jambe droite, barre aux épaules.

10 **1**234 Tendre la jambe droite, bras en haut.

11 **1**234 Fléchir la jambe droite, bras en avant.

12 **1**234 Rassembler le pied droit au gauche à la position initiale.

13 **1**234 Pas gauche tendu à gauche, le bras droit tendu latéra-
          lement à droite, la main gauche contre l'épaule droite.

14 **1**234 Demi-cercle des bras par en haut, le bras gauche tendu
          à gauche *Faire le mouvement très lentement*.

15 **1**234 Rassembler le pied gauche contre le droit, bras tendus
          en avant.

16 **1**234 Pas droit tendu à droite, le bras gauche tendu latérale-
          ment à gauche, la main droite contre l'épaule gauche.

17 **1**234 Demi-cercle des bras par en haut, le bras droit tendu
          à droite *Faire le mouvement très lentement*.

18 **1**234 Rassembler le pied droit contre le gauche à la position
          initiale.

Observations pour le chant.

REFRAIN.   *Chanter en crescendo les 4 premières mesures. Donner le reste avec entrain, mais sans saccade. Les mouvements seront exécutés avec netteté, sans brusquerie, vitesse moyenne.*

COUPLETS.   *S'efforcer de rendre dans le chant et l'attitude le sens très différent des trois couplets.*

Dans le premier, rendre surtout la mélodie du chant et la cadence du rythme. Accentuer et mettre plus d'entrain aux mesures 1 et 2, 5 et 6. Mouvements : vitesse ralentie. Donner au second une allure plus martiale avec un chant très cadencé, restant cependant souple et lié. Accentuer les mesures 6, 7, 8 et 11, 12. Mouvements souples et d'une moyenne rapidité.

Chanter le troisième avec expression, mais sans lenteur. Accentuer les mesures 1, 2 et 5, 6.

III

Série d'ensembles

avec drapeaux

N° 5 du Recueil complet.

Musique A. TABUTEAU.

Accessoires : *Petits drapeaux tricolores dont l'étoffe aura environ 30 centimètres de côté.*

Position initiale : *Dans chaque main un drapeau appuyé contre l'épaule Fig. 19.*

Formation du groupe : *On peut exécuter, en arrivant sur la scène ou le terrain d'exercice, une marche d'entrée. Les bras sont d'abord à la position initiale, puis on les écarte peu à peu jusqu'à l'extension latérale complète, afin d'avoir la distance nécessaire entre chaque gymnaste. S'arrêter en ramenant les bras à la position initiale. L'entrée peut se faire avec accompagnement de clairons voir supplément.*

PREMIER COUPLET

1 **12**   Elever les bras verticalement *fig. 20*.
   34   Etendre les bras latéralement *fig. 22*.
2 **12**   Placer les deux bras tendus horizontalement en avant.
   34   Revenir à la position initiale *fig. 19*.
3 **1234** Porter les deux bras tendus en avant.
4 **1234** Elever les bras verticalement *fig. 20*.
5 **12**   Les ramener à la position initiale.
   34   Elever les bras verticalement.
6 **12**   Porter les bras tendus en avant.
   34   Etendre les bras latéralement *fig. 22*.
7 **1234** Elever les bras verticalement, les mains se rencontrant, drapeaux croisés *fig. 23*.
8 **1234** Ramener les bras à la position initiale.
9 **1234** Porter le bras droit vertical, abaisser le bras gauche le long de la jambe gauche *fig. 25*.
10 **1234** Abaisser le bras droit, élever le bras gauche, de façon à avoir les deux bras tendus en avant.
11 **1234** Elever le bras gauche verticalement, abaisser le droit le long de la jambe droite.
12 **1234** Abaisser le bras gauche, élever le bras droit pour avoir les deux bras étendus latéralement *fig. 22*.
13 **1234** Elever les bras verticalement.
14 **1234** Abaisser les deux bras latéralement à gauche *fig. 21*.
15 **12**   Demi-cercle des deux bras par en haut pour les porter latéralement à droite.
   34   Demi-cercle des deux bras par en haut pour les ramener latéralement à gauche *fig. 21*.
16 **12**   Elever les bras verticalement *fig. 20*.
   34   Revenir à la position initiale.

Après chaque couplet, mettre au repos durant 8 mesures. Pendant ce temps, faire jouer aux clairons et tambours l'intermède qui va avec la musique. Supplément.

DEUXIÈME COUPLET

1,2	*Jusqu'à la mort, on le défend.*
3,4	*O sublime folie!*
5,6	*Et quand on voit en frémissant*
7,8	*Son image chérie.*
9,10	*Les yeux sont de larmes remplis.*
11,12	*Car le drapeau garde en ses plis*
13,14	*L'âme de la Patrie!*
15,16	*L'âme de la Patrie!*

1 12 Élever le bras droit verticalement, abaisser le gauche le long de la jambe gauche *fig. 25*.

34 Se fendre du pied gauche en avant, porter les deux bras tendus en avant.

2 12 Ramener les bras à la poitrine, mains se touchant, drapeaux croisés *fig. 26, sauf la position des pieds qui restent fendus*.

34 Porter les bras tendus en avant.

3 1234 Ramener le talon gauche contre le talon droit, bras étendus latéralement *fig. 22*.

4 1234 Revenir à la position initiale.

5 12 Élever le bras gauche verticalement, bras droit en bas contre la jambe droite.

34 Se fendre du pied droit en avant, porter les deux bras tendus en avant.

6 12 Ramener les bras à la poitrine, mains se touchant, drapeaux croisés.

34 Porter les bras tendus en avant.

7 1234 Ramener le talon droit contre le talon gauche, bras étendus latéralement.

8 1234 Revenir à la position initiale.

9 1234 Poser le genou droit à terre, bras étendus latéralement.

10 1234 Porter les bras tendus en avant.

11 1234 Ramener les mains un peu au-dessus de la poitrine, drapeaux appuyés sur les épaules *fig. 27, sauf le face à gauche*.

12 **1234** Elever les bras verticalement.
13 **1234** Se redresser à la position initiale.
14 **1234** Porter les bras tendus en avant.
15 **12** Etendre les bras latéralement.
   34 Elever les bras verticalement.
16 **12** Etendre les bras latéralement.
   34 Position initiale.

TROISIÈME COUPLET

1,2 *Qu'il frissonne au soleil joyeux*
3,4 *Ou qu'il flotte sur l'onde,*
5,6 *Lorsque la paix rit dans les cieux*
7,8 *Ou que la terre gronde.*
9,10 *France, il entraîne tous les cœurs,*
11,12 *Lui qui porta dans ses couleurs*
13,14 *La liberté du monde !*
15,16 *La liberté du monde !*

1 **12** Poser le pied gauche tendu à gauche.
  34 Pivoter sur les talons pour faire face à gauche, bras tendus horizontalement en avant.
2 **12** Elever le bras gauche verticalement, étendre le bras droit latéralement à droite.
  34 Porter les bras tendus en avant.
3 **1234** Cercle complet du bras droit en commençant par en bas.
4 **1234** Revenir à la position initiale, face en avant.
5 **12** Poser le pied droit tendu à droite.
  34 Pivoter sur les talons et faire face à droite, bras tendus en avant.
6 **12** Elever le bras droit verticalement, étendre le bras gauche latéralement à gauche.
  34 Porter les bras tendus en avant.
7 **1234** Cercle complet du bras gauche en commençant par en bas.
8 **1234** Revenir à la position initiale, face en avant.

9 1234 Fente du pied gauche en avant, bras tendus, obliques en dehors et en haut *fig. 21*.

10 1234 Ramener les bras à la poitrine, mains se touchant, drapeaux croisés.

11 1234 Ramener le talon gauche contre le droit, étendre les bras latéralement.

12 1234 Revenir à la position initiale.

13 1234 Fente du pied droit en avant, bras tendus, obliques en dehors et en haut *fig. 21*.

14 1234 Ramener les bras à la poitrine, mains se touchant, drapeaux croisés.

15 12 Ramener le talon droit contre le talon gauche, étendre les bras latéralement.

34 Elever les bras verticalement.

16 12 Etendre les bras latéralement.

34 Position initiale.

Observations pour le chant.

Chanter avec entrain et légèreté les quatre premiers vers de chaque couplet. Accentuer les premiers et troisièmes pour faire contraste avec les seconds et quatrièmes qui demandent plus de douceur. Chanter le reste avec ampleur en faisant ressortir le rythme régulièrement, sans saccade. Scander seulement les dernières mesures 15 et 16 de chaque couplet.

Mouvements toujours souples et sans départs ou arrêts trop brusques. Lorsqu'il n'y a qu'un mouvement par mesure, ralentir un peu la vitesse.

(N° 7 du Recueil complet.)

Musique : DELMAS.

Accessoires, position initiale, groupement comme au numéro précédent.

REFRAIN

1 12 Porter les bras tendus en avant.

   34 Porter le bras droit latéralement à droite

2 1234 Porter le bras gauche latéralement à gauche *fig. 22*.

3 12 Porter les bras tendus en haut, mains se touchant, drapeaux croisés *fig. 23*.

   34 Abaisser le bras droit latéralement à droite, bras gauche restant vertical.

4 1234 Abaisser le bras gauche latéralement.

5 12 Porter le bras droit tendu horizontalement en avant.

   34 Porter le bras gauche tendu horizontalement en avant.

6 **1**234 Ramener les bras à la poitrine, mains se touchant,
          drapeaux croisés *fig. 26*.

7 **1**2 Étendre les bras latéralement.

   34 Porter le bras droit latéralement à gauche, en lui faisant
          faire un demi-cercle en passant par en haut *fig. 27*.

8 **1**2 Porter les deux bras latéralement à droite, en leur
          faisant faire un demi-cercle par en haut.

   34 Porter le bras gauche latéralement à gauche, en lui
          faisant faire un demi-cercle par en haut.

9 **1**234 Position initiale.

Après chaque refrain, mettre au repos durant quelques instants.
Faire jouer aux clairons la sonnerie adaptée au morceau. Sup
plément.

PREMIER COUPLET

1 **1**234 Étendre les bras latéralement *fig. 22*.

2 **1**234 Porter les bras tendus horizontalement en avant.

3 **1**234 Se fendre du pied gauche en avant, élever le bras
          gauche verticalement, abaisser le bras droit le long
          du corps.

4 **1**234 Ramener le pied gauche contre le droit, porter les
          deux bras tendus horizontalement en avant.

5 **1**234 Poser le pied gauche tendu à gauche, élever les bras
          verticalement.

6 **1**234 Faire face à gauche en pivotant sur les talons et
          mettre le genou droit à terre, bras étendus latéra-
          lement.

7 **1**234 Élever les deux bras verticalement.

8 **1**234 Se redresser à la position initiale, face en avant.

9 **1**234 Se fendre du pied droit en avant, élever le bras droit
          verticalement, abaisser le bras gauche le long du
          corps.

10 **1**234 Ramener le pied droit contre le gauche, porter les
          deux bras tendus horizontalement en avant.

11 **1**234 Poser le pied droit tendu à droite, élever les bras
          verticalement *fig. 20*.

12 **1**234 Faire face à gauche en pivotant sur les talons, mettre
le genou gauche à terre, bras étendus latéralement.
13 **1**234 Élever les deux bras verticalement.
14 **1**234 Se redresser à la position initiale, face en avant.
15 **1**234 Étendre les bras latéralement.
16 **1**234 Position initiale. *Puis immédiatement le refrain.*

DEUXIÈME COUPLET

1,2 Cher Drapeau, s'il faut quelque *jour*
3,4 Défendre la terre française,
5,6 Nous viendrons, guidés par l'amour,
7,8 Aux accents de la Marseillaise :
9,10 *Aux* amis gardant notre *foi*
11,12 Nous rendrons les attaques *vaines*.
13,14 *Car* nous sentons couler pour *toi*
15,16 Du *sang* de héros dans nos *veines*.

1 **1**234 Porter les bras tendus horizontalement en avant.
2 **1**234 Étendre les bras latéralement.
3 **1**234 Se fendre du pied gauche en avant, bras tendus
obliques, en haut *fig. 21*.
4 **1**234 Revenir à la position initiale, talons réunis.
5 **1**234 Se fendre du pied gauche à gauche, et faire face à
gauche en pivotant sur les talons, et porter les bras
tendus horizontalement en avant.
6 **1**234 Élever le bras gauche verticalement, étendre le bras
droit latéralement à droite.
7 **1**234 Porter les bras tendus horizontalement en avant.
8 **1**234 Revenir face en avant à la position initiale.
9 **1**234 Se fendre du pied droit en avant, bras tendus obliques,
en haut *fig. 21*.
10 **1**234 Revenir à la position initiale, talons réunis.
11 **1**234 Se fendre du pied droit à droite, faire face à droite en
pivotant sur les talons et porter les bras tendus
horizontalement en avant.

12 **1**234 Élever le bras droit verticalement, étendre le bras gauche latéralement à gauche.

13 **1**234 Porter les bras tendus latéralement en avant.

14 **1**234 Revenir face en avant à la position initiale.

15 **1**234 Étendre les bras latéralement.

16 **1**234 Position initiale. *Puis immédiatement le refrain.*

Observations pour le chant.

REFRAIN. — *Le chanter avec ampleur, sans accentuer ni trop scander les notes de valeur. Accélérer la 7ᵉ mesure.*

COUPLETS. — *Chanter très légèrement le premier vers. Donner plus de voix pour le second et le quatrième.*

IV

Série d'ensembles

à mains libres

Position initiale : *Le garde à vous.*

Formation du groupe : *On peut exécuter, en arrivant sur la scène ou le terrain d'exercice, une marche d'entrée. Les bras sont d'abord pendants, puis on les écarte peu à peu jusqu'à l'extension latérale complète, afin d'avoir la distance requise entre chaque gymnaste. S'arrêter en ramenant les bras à la position initiale. Cette entrée peut se faire avec accompagnement de clairons.*

PREMIER COUPLET

1 **1**234 Mains à la poitrine, coudes bien en dehors, à hauteur des épaules.

2 **1**234 Porter les bras tendus horizontalement en avant, paumes des mains se faisant face.

3 **1**234 Se fendre du pied gauche en avant, jambe légèrement fléchie, porter le bras gauche fléchi à hauteur du cou, main fermée et à 10 centimètres de la bouche, comme si elle tenait un clairon; bras droit abaissé dans le prolongement du corps.

4 **1**234 Faire un pas complet du pied droit en avant, jambe légèrement fléchie, porter le bras droit fléchi à hauteur du cou, main fermée et à 10 centimètres de la bouche, comme si elle tenait un clairon, bras gauche abaissé dans le prolongement du corps.

5 **1**234 Rester dans la position de fente droite en avant et porter les bras horizontalement en avant.

6 **1**234 Ramener le pied droit près du gauche, étendre les bras latéralement.

7 **1**2   Elever les bras verticalement, paumes des mains se faisant face.

      34   Se fendre du pied gauche en avant, abaisser le bras droit le long du corps *fig. 28*.

8 **1**234 Avancer le pied droit contre le gauche, position initiale. Continuer sans arrêt avec le refrain.

REFRAIN

1 **1**234 Porter les bras tendus horizontalement en avant, paumes des mains se faisant face.

2 **1**234 Poser le pied droit en avant, bras droit en haut, bras gauche en bas dans le prolongement du corps.

3 **1**234 Mains à la poitrine, coudes à hauteur des épaules.

4 **1**234 Pivoter sur les talons pour se trouver face à gauche, étendre les bras latéralement, paumes des mains en dessous.

5 **123**4 Ramener les mains à la poitrine.

6 **123**4 Poser le pied gauche en avant, bras gauche en haut,
bras droit en bas dans le prolongement du corps.

7 **123**4 Revenir face en avant, talons réunis, mains aux
épaules, coudes au corps *fig. 29*.

8 **123**4 Élever les bras verticalement, paumes des mains se
faisant face, porter le poids du corps sur la jambe
gauche et élever le pied droit en arrière *fig. 12*.

9 **12** Poser le pied droit près du gauche, étendre les bras
latéralement.

34 Mains aux épaules, coudes au corps *fig. 29*.

10 **123**4 Position initiale.

Le refrain se chante deux fois (voir la musique). *La seconde
fois on reprend les mêmes mouvements en exécutant face à droite
ce qui s'était fait d'abord face à gauche. Voici ces mesures
modifiées :*

2ᵐᵉˢ **123**4 Se fendre du pied gauche en avant, jambe tendue,
bras gauche en haut, bras droit en bas dans le prolongement du corps.

4ᵐᵉˢ **123**4 Pivoter sur les talons pour se trouver face à droite, etc.

6ᵐᵉˢ **123**4 Se fendre du pied droit en avant, jambe fléchie, bras
droit en haut, bras gauche en bas dans le prolon-
gement du corps.

8ᵐᵉˢ **123**4 Élever les bras verticalement, porter le poids du corps
sur la jambe droite et élever le pied gauche en
arrière *fig. 30*, etc.

*Repos quelques instants, pendant lequel on fera jouer les
clairons* 1 .

DEUXIÈME COUPLET

1,2 Suis l'*exemple* de tes *pères*.

3, De ces *preux* qui ne sont plus,

4, De ces *preux* qui ne sont plus :

5,6 Montre-*nous* que tu *révères*

7,8 Leur *courage* et leurs *vertus*.

1. Si l'on se sert des clairons, on fera bien de baisser le chant d'un ton.

1 1234 Étendre les bras latéralement, paumes des mains en
         avant.
2 1234 Élever les bras verticalement, paumes des mains se
         faisant face.
3 1234 Porter le genou droit à terre face en avant, mains à la
         poitrine *fig. 31*.
4 1234 Étendre les bras latéralement, paumes des mains en
         dessous.
5 1234 Se redresser, talons réunis, mains aux épaules, coudes
         au corps *fig. 29*.
6 1234 Se fendre du pied gauche, élever les bras verticale-
         ment *fig. 32*.
7 12   Étendre les bras latéralement, paumes des mains en
         avant.
   34   Ramener le pied gauche à côté du droit, mains aux
         épaules, coudes au corps.
8 1234 Position initiale.

TROISIÈME COUPLET

1,2   Pleins de *joie*, pleins de *vaillance*.
3,   En tout *temps* comme en tout lieu.
4,   En tout *temps* comme en tout lieu.
5,6   Notre *sang* est à la *France*.
7,8   Notre âme *est* à notre *Dieu*.

1 1234 Croiser la jambe gauche devant la jambe droite, pointe
         du pied posant à terre, mains à la nuque ou mieux
         à la poitrine *fig. 33*.
2 1234 Décroiser la jambe gauche et se fendre du pied gauche
         à gauche, bras étendus latéralement, paumes des
         mains en dessous *fig. 34*).
3 1234 Pivoter légèrement sur les talons pour être face à
         gauche, jambe gauche fléchie, bras gauche en haut,
         bras droit en bas dans le prolongement du corps
         fig. 35.

4 12⁴ Pivoter sur les talons pour être face à droite, jambe
  droite fléchie, bras droit en haut, bras gauche dans
  le prolongement du corps. *Position opposée à la précédente, fig. 35 renversée.*

5 1234 Revenir face en avant, bras étendus latéralement *fig. 34*.

6 1234 Étendre les bras horizontalement en avant, paumes des
  mains se faisant face.

7 12 Ramener le pied gauche à côté du droit, mains aux
  épaules, coudes au corps.

  34 Élever les bras verticalement, paumes des mains en
  dedans.

8 1234 Position initiale.

Observations pour le chant.

*Il est très facile de produire un effet remarquable avec ce mor-
ceau très simple en y faisant les nuances suivantes :*

REFRAIN. *Il se chante deux fois de suite. La première fois,
voix moitié forte. Les quatre premières mesures seront bien détachées, notes piquées. Accentuer un peu la mesure 5. Chanter en
crescendo, forté les mesures 7 et 8. Affirmer nettement 9 et 10. La
seconde fois, mêmes nuances, mais très piano jusqu'à la mesure 7.
Mouvements : vitesse moyenne, donner avec plus d'élan les mouvements 8 et 9.*

COUPLETS. *Accentuer le premier vers, moins fort le second.
Voix ample et forte au 3e vers. Au dernier vers, notes piquées, et
légèreté. Accentuer les mouvements 4 et 6.*

Marche des Gymnastes [1]

(N° 19 du Recueil complet.)

Position initiale et groupement, comme au numéro précédent.

PREMIER COUPLET

1 **1**234 Étendre les bras latéralement, paumes des mains en
avant.

2 **1**234 Porter les mains aux épaules, coudes au corps *fig. 29*.

3 **1**234 Se fendre de la jambe droite tendue à droite, bras
étendus latéralement *fig. 31*.

4 **1**234 Ramener vivement le pied droit près du gauche, bras
droit dans le rang, bras gauche appuyé sur la

hanche, poing fermé, la tête tournée légèrement à droite; comme au commandement de : à droite, alignement.

5 **1**234 Se fendre de la jambe droite à droite, pivoter sur les talons pour être face à droite, bras étendus latéralement, jambe droite légèrement fléchie.

6 **1**234 Élever le bras droit verticalement, bras gauche tendu horizontalement en avant.

7 **1**234 Pivoter sur les talons pour revenir face en avant, mains à la poitrine, coudes à hauteur des épaules.

8 **1**234 Pivoter sur les talons pour être face à gauche, jambe gauche légèrement fléchie, bras étendus latéralement.

9 **1**234 Élever le bras gauche verticalement, bras droit tendu horizontalement en avant.

10 **1**2 Revenir face en avant, talons réunis, mains aux épaules, coudes au corps *fig. 29*.

34 Position initiale.

REFRAIN

1 **1**234 Élever la jambe gauche tendue en avant à 30 centimètres du sol, bras tendus horizontalement en avant, paumes des mains se faisant face *fig. 37*.

2 **1**234 Écarter latéralement le pied gauche à gauche, jambe restant tendue et levée, écartement latéral des bras, paumes des mains au-dessus *fig. 38*.

3 **1**234 Ramener le pied gauche à côté du droit, mains aux épaules, coudes au corps *fig. 29*.

4 **1**234 Élever la jambe droite tendue en avant à 30 centimètres du sol, bras tendus horizontalement en avant, paumes des mains se faisant face.

5 **1**234 Écarter latéralement le pied droit à droite, jambe restant tendue et levée; écartement latéral des bras, paumes des mains au-dessus.

6 **1**234 Ramener le pied droit à côté du gauche, élever les bras verticalement.

7 **1**234 Se fendre du pied droit en avant, jambe légèrement fléchie, porter le bras droit fléchi en avant, coude à hauteur du cou, main fermée, à 20 centimètres de la bouche, faisant le geste du clairon: bras droit en bas dans le prolongement du corps.

8 1234 Ramener le pied droit à côté du gauche, les bras dans le rang comme à la position initiale.

9 1234 Se fendre du pied droit à droite, pivoter un peu sur les talons pour être face à droite, bras étendus horizontalement en avant de la poitrine, paumes des mains se faisant face. La jambe droite est légèrement fléchie.

10 1234 Faire faire un tour complet au bras gauche tendu en commençant par en bas pour revenir à sa place en avant, bras droit restant immobile.

11 1234 Faire demi-tour en pivotant sur les talons afin de se trouver face à gauche ; en même temps, demi-cercle des deux bras passant par en bas et s'arrêtant tendus horizontalement en avant de la poitrine, paumes des mains se faisant face. *Même position qu'au N° 9 du même refrain, mais face à gauche.*

12 1234 Faire faire un tour complet au bras droit tendu en commençant par en bas pour revenir à sa place en avant, bras droit restant immobile.

13 1234 Revenir face en avant, talons réunis, bras élevés verticalement.

14 1234 Etendre les bras latéralement, paumes des mains en avant.

15 1234 Porter les bras tendus horizontalement en avant.

16 12 Ramener les mains aux épaules, coudes au corps.
    34 Position initiale.

Au dernier refrain :

16 12 Abaisser le bras gauche dans le rang, main droite à la position du salut militaire.
    34 Position initiale.

Après chaque refrain, repos quelques instants. Voir au supplément l'intermède pour clairons.

DEUXIÈME COUPLET

1 Lorsque, sur *les* places publiques,
2 Dans les *concours* nous manœuvrons,
3 Nous *supportons*, l'âme stoïque,
4 D'un soleil *ardent* les rayons :
5 Et quand la *tempête* fait rage
6 Nous sommes *trempés* jusqu'aux os :
7 Mais crèvent *sur* nous les nuages,
8 On sait être *aussi* matelots !
9 L'orage, à *la* fin, cessera :
10 Mais nous ne *déguerpirons* pas !!!

1 **1**234 Se fendre du pied droit en avant, jambe légèrement
fléchie, bras tendus horizontalement en avant,
paumes des mains se faisant face.

2 **1**234 Étendre les bras latéralement, paumes des mains en
avant.

3 **1**234 Tendre la jambe droite, élever les bras verticalement,
paumes des mains se faisant face.

4 **1**234 Ramener le pied droit à côté du gauche, porter les
mains à la nuque, coudes bien en dehors *fig. 39*.

5 **1**234 Poser le genou droit à terre, face en avant, bras étendus
latéralement, paumes des mains en dessous.

6 **1**234 Porter les bras tendus horizontalement en avant.

7 **1**234 Porter les mains aux épaules, coudes au corps.

8 **1**234 Élever les bras verticalement.

9 **1**234 Se redresser, talons réunis, mains à la poitrine, coudes
à hauteur des épaules.

10 **1**2 Étendre les bras latéralement, paumes des mains en
dessous.

   3**4** Position initiale. *Au refrain, immédiatement*.

TROISIÈME COUPLET

1 Le bâton, *la* boxe et l'escrime
2 Donneront *la* force à nos bras.
3 Ici l'on *se* bat « pour la frime »,
4 Mais la France *attend* ses soldats !

5 Nous voulons *une* âme vaillante.
6 Rude au *combat*, faite à l'effort,
7 Pour que nos *cœurs*, dans la tourmente,
8 Pour la France *et* Dieu restent forts!
9 Quand l'un ou *l'autre* appellera,
10 Tous les *gymnastes* seront là!!!

1 1234 Prendre la garde de la boxe, bras gauche en avant, poing fermé *fig. 10*.

2 12 Se fendre en avant de la jambe gauche fléchie, poing gauche tendu en avant, bras droit le long de la jambe droite *fig. 11*.

   34 Reprendre la position précédente de la garde à gauche *fig. 10*.

3 1234 Porter le pied gauche un pas complet en arrière afin d'être dans la position de garde à droite, bras droit en avant, poings fermés, etc.

4 12 Se fendre de la jambe droite fléchie en avant, poing droit tendu en avant, bras gauche le long de la jambe gauche.

   34 Reprendre la position précédente de la garde à droite.

5 1234 Ramener le pied gauche près du droit, étendre les bras latéralement, paumes des mains en dessous.

6 1234 Se fendre du pied gauche à gauche, jambe gauche légèrement fléchie, pivoter sur les talons pour être face à gauche, bras gauche en haut, bras droit en bas dans le prolongement du corps *fig. 35*.

7 1234 Pivoter sur les talons pour être face en avant, bras tendus horizontalement en avant.

8 1234 Pivoter sur les talons pour être face à droite, jambe droite légèrement fléchie, bras droit tendu en haut, bras gauche en bas dans le prolongement du corps.

9 1234 Revenir face en avant, talons réunis, bras tendus verticalement.

10 12 Étendre les bras latéralement, paumes des mains en avant.

   34 Position initiale. *Au refrain*.

Observations pour le chant.

REFRAIN. — *Chant bien scandé, mais avec une voix moyenne durant les 8 premières mesures. Accentuer davantage les mesures 5, 7 et 8.*

Mettre beaucoup d'ampleur pour le reste et donner la voix pleine aux mesures 13 et 14.

COUPLETS. — *Les paroles des couplets doivent être bien détachées. Au premier couplet, accentuer et ralentir un peu aux mesures 9 et 10. Au second couplet, accentuer aux mesures 9 et 10. Au troisième couplet, accentuer aux mesures 6 et 8 ; voix plus ample et ralentissement aux mesures 9 et 10.*

Pour que le chant soit léger, comme il doit l'être ici, veiller à garder aux notes leur durée marquée. Sauf les variations indiquées, tous les couplets peuvent se chanter comme s'il y avait des notes « piquées », c'est-à-dire très détachées et très légères.

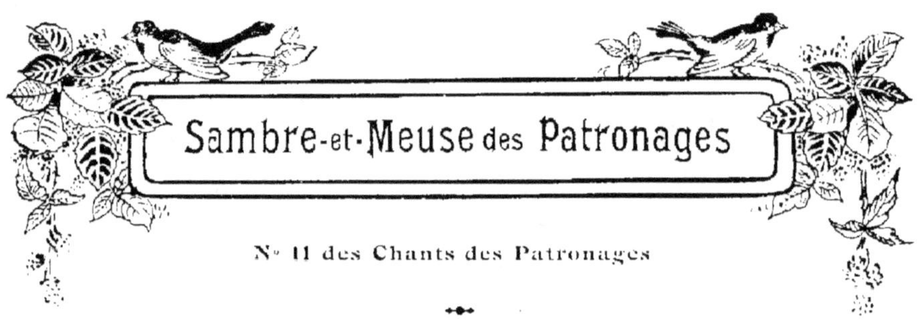

*Position initiale, formation du groupe, comme pour la chanson
Chœur du Bivouac.*

PREMIER COUPLET

1. **1234** Se fendre du pied gauche en avant, jambe légèrement
fléchie, bras gauche tendu en avant, bras droit
étendu latéralement à droite.

2. **1234** Tendre la jambe gauche, lever le bras gauche verticalement, porter le bras droit tendu en avant.

3. **1234** Ramener le pied gauche à côté du droit, bras étendus
latéralement.

4. **1234** Mains à la poitrine, coudes à hauteur des épaules.

5 **1**234 Légère flexion du tronc à gauche, écarter les bras
latéralement.

6 **1**234 Redresser le corps, mains aux épaules, coudes au
corps *fig. 29*.

7 **1**234 Porter les bras tendus horizontalement en avant.

8 **1**234 Position initiale. *Les mesures qui suivent répètent
inversement les premières.*

9 **1**234 Se fendre du pied droit en avant, jambe légèrement
fléchie, bras droit tendu en avant, bras gauche
étendu latéralement à gauche.

10 **1**234 Tendre la jambe droite, lever le bras droit verticalement, porter le bras gauche tendu en avant.

11 **1**234 Ramener le pied droit à côté du gauche, bras étendus
latéralement.

12 **1**234 Mains à la poitrine, coudes à hauteur des épaules.

13 **1**234 Légère flexion du tronc à droite, écarter les bras
tendus latéralement.

14 **1**234 Redresser le corps, mains aux épaules, coudes au corps.

15 **1**234 Porter les bras tendus horizontalement en avant.

16 **1**234 Position initiale.

REFRAIN [1]

1 **1**234 Se fendre du pied gauche en avant, jambe légèrement
fléchie. Elever le bras gauche verticalement *fig. 28*.

2 **1**234 Ramener le pied gauche à côté du droit. Baisser le
bras gauche, lever le bras droit pour avoir les deux
bras tendus horizontalement en avant, paumes des
mains se faisant face.

3 **1**234 Se fendre du pied gauche à gauche, jambes tendues.
Elever le bras droit verticalement, étendre le bras
gauche latéralement.

4 **1**234 Ramener le pied gauche près du droit. Porter les deux
bras tendus horizontalement en avant, paumes des
mains se faisant face.

(1) Il y a, à chaque mesure du refrain, un double mouvement des bras
et des jambes qui doit être exécuté simultanément, mais que l'on peut
apprendre séparément, si on le désire, pour plus de facilité.

5 **12**34 Se fendre du pied droit en avant, jambe légèrement
fléchie. Elever le bras droit verticalement, bras
gauche en bas.

6 **12**34 Ramener le pied droit à côté du gauche. Baisser le
bras droit, lever le bras gauche pour avoir les deux
bras tendus horizontalement en avant.

7 **12**34 Se fendre du pied droit à droite. Elever le bras gauche
en haut, étendre le bras droit latéralement.

8 **12**34 Ramener le pied droit à côté du gauche. Mains aux
épaules, coudes au corps.

9 **12**34 Se fendre du pied gauche en avant, jambe légèrement
fléchie. Porter les bras tendus verticalement *fig. 32*.

10 **12**34 Reculer le pied gauche en arrière du pied droit. Demi-
cercle des bras tendus passant par en avant et s'arrêtant en bas un peu en arrière *fig. 12, sauf la face
à gauche et l'interversion des pieds*.

11 **12**34 Ramener le pied gauche à côté du droit. Mains aux
épaules, coudes au corps *fig. 29*.

12 **12**34 Se fendre du pied droit en avant, jambe légèrement
fléchie. Porter les bras tendus horizontalement en
avant, paumes des mains se faisant face.

13 **12**34 Reculer le pied droit en arrière du pied gauche. Etendre les bras latéralement, paumes des mains en avant.

14 **12**34 Ramener le pied droit contre le gauche. Bras tendus
horizontalement en avant.

15 **1234** Marquer le pas quatre fois en commençant par le pied
gauche. Mains à la poitrine.

16 **12** Continuer de marquer le pas *2 fois*. Extension latérale
des bras, paumes des mains en dessous.

3 4 Arrêter de marquer le pas. Position initiale.

DEUXIÈME COUPLET [1]

1,2 *Comme les fiers Gaulois, leurs ancêtres.*

3,4 Les p'tits *Français* ne craignent *rien.*

---

[1] Prendre comme paroles le couplet marqué troisième dans le recueil
complet : *Comme les fiers Gaulois,* etc.

5,6   *Ils* ne reconnaissent qu'un seul *Maître*.

7,8   Pour *l'âme* libre du *chrétien*.

9,10 *C'est Dieu* qui commande à leur *âme*.

11,12   Nul autre *ne* les fait *plier :*

13,14   Et *la* liberté qu'on *réclame*.

15,16   Ils savent *tous* la pra*tiquer*.

1,9 **1**234 Se fendre du pied droit à droite *(gauche à gauche)*, jambes tendues, bras tendus horizontalement en avant.

2,10 **1**234 Pivoter sur les talons pour être face à droite *(à gauche)*, bras droit *(gauche)* tendu en haut, bras gauche *(droit)* écarté latéralement à gauche *(à droite)*. La jambe d'avant est légèrement fléchie.

3,11 **1**234 Porter les bras tendus horizontalement en avant de la poitrine ; paumes des mains se faisant face.

4,12 **1**234 Écarter les bras tendus latéralement, tendre la jambe qui était fléchie.

5,13 **1**234 Porter les mains aux épaules, coudes au corps.

6,14 **1**234 Fléchir légèrement la jambe qui se trouve en avant. Porter le bras droit *(gauche)* en haut, bras gauche *(droit)* en bas dans le prolongement du corps.

7,15 **1**234 Pivoter sur les talons pour être face en avant, talons réunis, bras tendus horizontalement en avant, paumes des mains se faisant face.

8,16 **1**234 Position initiale.

Les mesures 9 à 16 sont la répétition de l'exercice, face à gauche. Lire cette fois les mots entre parenthèses.

TROISIÈME COUPLET [1]

1,2   *Et* lorsqu'un jour nous serons des *hommes*,

3,4   Et non plus *des* petits *enfants*.

5,6   *Nous* voudrons rester ce que nous *sommes*,

7,8   Ce *que* nous chantons dans nos *chants*.

[1] Pour des raisons d'ordre technique, on ne suit pas l'ordre des couplets du recueil complet.

9,10   Nous serons tous comme des *frères*
11,12   Nous serons *de* bons *citoyens*.
13,14   *Hardis* et forts, purs et *sincères*.
15,16   Vrais fils du *Nord* et vrais *chrétiens*.

1,9 1234 Porter la jambe droite *gauche* tendue en avant à 30 c. m. au-dessus du sol, bras tendus horizontalement en avant *fig. 37*.

2,10 1234 Ramener le pied levé à côté de l'autre, lever le bras gauche *droit* tendu verticalement, bras droit *gauche* en bas le long du corps.

3,11 1234 Elever la jambe droite *gauche* latéralement à droite *à gauche*, tendue à 30 c. m. au-dessus du sol, écarter les bras tendus latéralement, paumes des mains en dessous *fig. 38*.

4,12 1234 Rassembler le pied levé au pied posé à terre, mains aux épaules, coudes au corps.

5,13 1234 Elever la jambe droite *gauche* tendue en arrière à 20 c. m. du sol, porter les deux bras tendus verticalement, paumes des mains se faisant face *fig. 30*.

6,14 1234 Réunir les talons, mains à la poitrine, coudes à hauteur des épaules.

7,15 1234 Porter le pied droit *gauche* tendu à droite *à gauche*, étendre les bras tendus latéralement *fig. 31*.

8,16 1234 Réunir les talons position initiale.

Pour les mesures 9 à 16, refaire l'exercice en faisant les changements indiqués dans les parenthèses.

Observations pour le chant
et la concordance du rythme et des gestes.

REFRAIN. *Chanter avec entrain en détachant bien chaque note; voix moitié forte. Vitesse du chant et des mouvements un peu plus rapide que dans les couplets. La seconde partie, mesure 9 à 16, doit avoir la même rapidité; les notes seront davantage détachées et la voix un peu moins forte.*

COUPLETS. — *Dans chaque couplet, bien lier ensemble le premier vers avec le second, le troisième avec le quatrième. Le premier et le troisième vers seront davantage accentués. Les quatre derniers vers seront chantés d'une façon très affirmative et convaincue, en laissant bien ressortir le rythme.*

Au second couplet surtout, mettre de la vigueur dans l'expression ; au troisième, chanter d'une façon plus légère et confiante.

Mouvements : vitesse moyenne. Donner plus rapidement et avec plus d'élan les mouvements qui achèvent une phrase musicale, la mesure 4 au refrain, les mesures 4, 8, 16 aux couplets.

La Patrie Française

Nº 15 des Chants des Patronages.

Musique de A. Bruant.

Position initiale, formation du groupe comme pour le Chœur du Bivouac.

PREMIER COUPLET

1. **123** Se fendre du pied gauche en avant, jambe légèrement fléchie, bras gauche tendu en haut, bras droit en bas dans le prolongement du corps *fig. 28*.

2. **123** Porter les deux bras tendus horizontalement en avant.

3. **123** Élever le bras gauche tendu en haut, étendre le bras droit latéralement à droite, paume de la main en avant.

4 **1**234 Rassembler le pied gauche à côté du droit, mains aux
épaules, coudes au corps *fig. 29*.

5 **1**234 Se fendre du pied droit en avant, jambe légèrement
fléchie, bras droit en haut, bras gauche en bas dans
le prolongement du corps.

6 **1**234 Porter les bras tendus horizontalement en avant.

7 **1**234 Elever le bras droit tendu en haut, étendre le bras
gauche latéralement à gauche, paume de la main
en avant. Réunir les talons.

8 **1**234 Porter les bras tendus horizontalement en avant.

9 **1**234 Porter les mains aux épaules, coudes au corps *fig. 29*.

10 **1**234 Se fendre du pied gauche en avant, jambe légèrement
fléchie, deux bras tendus verticalement, paumes des
mains se faisant face *fig. 32*.

11 **1**234 Ecarter les bras tendus latéralement, paumes des
mains en avant.

12 **1**234 Ramener le pied gauche à côté du droit, porter les bras
tendus horizontalement en avant.

13 **1234** Porter les mains aux épaules coudes au corps et marquer
le pas sur place durant les quatre temps. Lever
d'abord le pied gauche.

14 **1**234 Arrêter de marquer le pas sur le pied gauche. Position
initiale.

REFRAIN

1 **1**234 Se fendre du pied gauche en avant, jambe légèrement
fléchie, bras gauche tendu en haut, bras droit dans
le prolongement du corps *fig. 28*.

2 **1**234 Ramener le pied gauche contre le droit, mains aux
épaules, coudes au corps *fig. 29*.

3 **1**234 Porter les bras tendus horizontalement en avant.

4 **1**234 Etendre les bras latéralement, se fendre du pied
gauche à gauche, jambes tendues *fig. 31*.

5 **1**234 Pivoter légèrement sur les talons pour être à peu près
face à droite, jambe droite fléchie, bras droit tendu
en haut, bras gauche en bas dans le prolongement
du corps.

6 **1**231 Pivoter sur les talons pour être à peu près face à
gauche, jambe gauche fléchie, bras gauche tendu en
haut, bras droit dans le prolongement du corps *fig. 35*.

7 **1**231 Revenir face en avant, ramener le pied gauche à côté
du droit, bras tendus horizontalement en avant.

8 **1**2   Écarter les bras tendus latéralement.

   34   Position initiale.

Au dernier refrain :

8 **1**2   Bras gauche dans le rang, main droite à la position du
salut militaire.

   34   Position initiale.   *Quelques instants de repos et intermèdes de clairons.*

DEUXIÈME COUPLET

1,2   *Il se bat pour garder les plaines*

3,4   *Et les montagnes des aïeux*

5,6   *Dont le sang coule dans ses veines,*

7.8   *Dont l'âme brille dans ses yeux :*

9,   *Pour garder la terre chérie*

10,   *Où tombèrent les vétérans...*

11,12   *Comme eux il aime la Patrie,*

13,14   *Comme eux il tombe dans les rangs.*

1 **1**231 Porter les bras tendus horizontalement en avant.

2 **1**231 Porter les mains à la poitrine, coudes à hauteur des
épaules ; en même temps, légère flexion du tronc à
droite.

3 **1**231 Écarter latéralement les bras tendus.

4 **1**231 Redresser le corps, mains aux épaules, coudes au corps
fig. 29.

5 **1**231 Porter les bras tendus horizontalement en avant.

6 **1**231 Porter les mains à la poitrine, coudes à hauteur des
épaules ; en même temps, légère flexion du tronc à
gauche.

7 **1**231 Écarter latéralement les bras tendus.

8 **1**234 Redresser le corps, mains aux épaules, coudes au corps
fig. 29 .

9 **1**234 Lever la jambe gauche tendue en avant à 30 c m. du
sol, porter les bras tendus horizontalement en avant
fig. 37 .

10 **1**234 Poser le pied gauche à terre en avant, jambe gauche
fléchie, écarter les bras tendus latéralement, paumes
des mains en dessous.

11 **1**234 Tendre la jambe gauche, élever les bras tendus verticalement, paumes des mains se faisant face.

12 **1**234 Écarter les bras tendus latéralement, paumes des
mains en avant.

13 **1**234 Porter les bras tendus horizontalement en avant,
paumes des mains se faisant face. Ramener le pied
gauche à côté du droit.

14 **1**234 Position initiale. *Au refrain.*

TROISIÈME COUPLET

1,2 *Il* va quand la France *l'appelle,*
3,4 Combattre au *bout* de l'univers,
5,6 *Fonder une cité nouvelle*
7,8 En *Afrique,* dans les *déserts :*
9, Pour la vieil*le* Patrie Française
10, Il va jusqu'*au* Nil, en marchant
11,12 Aux *accents* de la Marsei*llaise,*
13,14 A*vec* le commandant Mar*chand.*

1 **1**234 Porter les mains aux épaules, coudes au corps ; se
fendre du pied droit à droite, jambes tendues.

2 **1**234 Pivoter sur les talons pour être face à droite, jambes
tendues, bras tendus horizontalement en avant de la
poitrine, paumes des mains se faisant face.

3 **1**234 Fléchir légèrement la jambe droite, bras droit en haut,
bras gauche en bas dans le prolongement du corps.

4 **1**234 Tendre la jambe droite, écarter les bras tendus latéralement, paumes des mains en dessous.

5 **1**234 Pivoter sur les talons, pour être face en avant, mains
à la poitrine, coudes à hauteur des épaules.

6 **1**234 Pivoter sur les talons pour être face à gauche, jambes
tendues, bras horizontalement tendus en avant de
la poitrine, paumes des mains se faisant face.

7 **1**234 Fléchir légèrement la jambe gauche, bras gauche en haut,
bras droit en bas dans le prolongement du corps *fig. 35*.

8 **1**234 Tendre la jambe gauche, écarter les bras latéralement,
paumes des mains en dessous.

9 **1**234 Revenir face en avant, talons réunis, mains aux épaules,
coudes au corps *fig. 29*.

10 **1**234 Se fendre du pied gauche en avant, jambe légèrement
fléchie, bras gauche en haut, bras droit en bas dans
le prolongement du corps *fig. 28*.

11 **1**234 Tendre la jambe gauche, élever le bras droit, paumes
des mains se faisant face *fig. 32*.

12 **1**234 Etendre les bras latéralement, paumes des mains en
dessous.

13 **1**234 Porter les bras tendus horizontalement en avant,
paumes des mains se faisant face.

14 **1**234 Ramener le pied gauche près du droit. Position initiale.

Observations pour le chant
et la concordance rythmique.

REFRAIN. *Accentuer la première mesure et adoucir la seconde; de même accentuer la cinquième et adoucir la sixième. Chanter le reste avec ampleur et ralentir un peu la fin de la mesure 7 et la mesure 8. Mettre de l'élan dans les mouvements.*

COUPLETS. *Dans chaque couplet, bien lier ensemble le premier et le second vers, le troisième avec le quatrième. Dans ces deux phrases musicales, les deux premières mesures doivent être chantées assez fort, le reste avec plus de douceur et de mélodie. Les mesures 9 et 10 seront chantées en crescendo et avec entrain. Bien faire la pause à la fin du 6° vers et commencer le 7° avec force et ampleur. Le dernier vers mesures 13 et 14 moins fort, mais bien scandé.*

V

Série de marches
& contremarches,
Jeux divers.

Remarques préliminaires.

Les quatre morceaux qui suivent se différencient beaucoup des précédents. Bien qu'ils soient composés presque exclusivement de marches et contremarches, de figures diverses, ils ont encore une valeur gymnastique réelle, si on les exécute sans négliger aucun détail. L'instructeur aura donc soin d'exiger des élèves une correction parfaite dans la marche et la tenue générale, beaucoup de souplesse et de régularité dans l'exécution des figures.

Ces figures ont été composées pour un nombre d'élèves, déterminé au début de chaque chanson. Il sera facile pourtant d'ajouter ou de diminuer le nombre en procédant par fraction de 4 à la fois. On modifiera un peu l'exécution de chaque exercice en conséquence.

De même, certaines figures qui paraîtraient trop difficiles pourraient être remplacées par d'autres 1. Nous avons varié les exercices complètement à chaque chanson afin de faciliter ces modifications et de permettre des adaptations du même genre à de nouvelles chansons.

Bien souvent les scènes de patronages suffiront à l'exécution de ces mouvements. Ici encore nous laissons aux instructeurs le soin de combiner les figures pour mieux s'adapter à l'emplacement sur lequel ils doivent évoluer.

Cette série sera plus appréciée si les élèves l'exécutent dans leur tenue de gymnaste **et si l'on ajoute à la moitié du groupe un signe distinctif,** comme par exemple une ceinture de couleur différente ou simplement une cravate rouge au lieu de la

1. La difficulté est d'ailleurs souvent apparente. Les jeunes garçons de 10 à 13 ans réussissent très vite ces mouvements, si on les leur enseigne avec méthode.

cravate bleue que portera l'autre moitié. Cette distinction mettra plus de variété dans les combinaisons de figures ; elle permettra aussi aux élèves de trouver plus facilement la place qu'ils doivent occuper.

Pour certains exercices, nous avons marqué un nombre de mesures qui sera parfois dépassé en pratique. Si donc on a terminé le chant sans que la figure soit achevée, on continuera l'exercice en silence, mais il serait bon qu'un piano vienne indiquer la mesure en reprenant l'air du refrain.

Ces exercices peuvent se faire au pas ordinaire, soit en exécutant l'un des pas suivants d'après les indications données à chaque chanson. Dans ce dernier cas, il sera nécessaire de laisser après chaque refrain quelques instants de repos pendant lesquels le piano jouera des variations sur la chanson (1).

Pas battus sur place.

I. PAS BATTU A TERRE. — Porter le pied à une longueur de pied de côté, la pointe touchant le sol ; replacer le pied à sa première position. Ce mouvement peut se faire d'un seul pied ou alternativement du pied gauche, puis du pied droit *Fig. 1*. — Cette figure donne en même temps la position des pieds. La semelle coupée de hachures indique le pied droit. Le tracé en pointillé indique la trajectoire que fait l'un ou l'autre pied en exécutant le pas. Mêmes règles pour les autres figures.

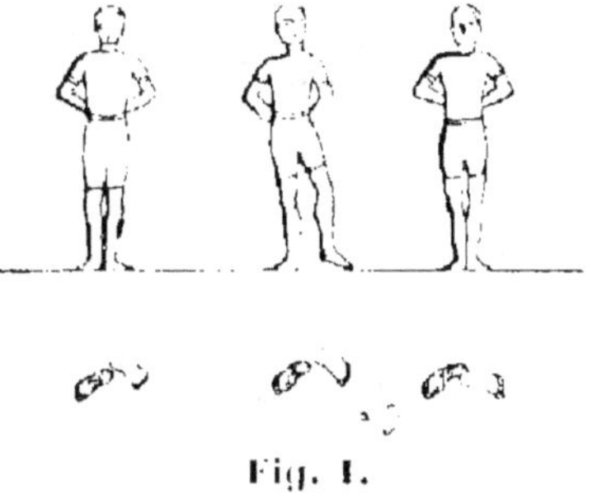

Fig. 1.

<hr>

(1) Ces pas sont en effet un peu plus fatigants que la marche. On pourra parfois aider les gymnastes en faisant chanter à côté d'eux un groupe de jeunes qui ne participent pas à l'exercice.

II. PAS BATTU, SOUTENU. — Dans le battement soutenu, le pied se porte de côté, sans toucher le sol de la pointe, puis vient se

Fig. 2.

placer devant la jambe d'appui sur le cou-de-pied, la jambe seule s'étend et se fléchit en conservant la cuisse fixe. Le pied passe alternativement devant et derrière la jambe, c'est-à-dire dessus et dessous (*Fig. 2*).

Variété de ce pas : pas battu avec sursaut. Le mouvement est le même que pour le pas précédent. On ajoute simplement un léger saut sur place à l'aide de la jambe d'appui, chaque fois que l'autre jambe s'écarte, puis se rapproche de la jambe d'appui.

Ces divers pas s'exécutent en quatre temps avec un mouvement par temps : 1. Écartement du pied. — 2. Rapprochement. 3. Écartement. — 4. Rapprochement. Dans le pas battu avec sursaut, il y a en plus un sursaut par temps.

III. PAS BATTU ALTERNATIF AVEC SURSAUT. — Voici la suite des mouvements divisés en quatre temps :

1. Sauter sur la jambe droite sur place et lancer la jambe en arrière levée à 20 cm. au-dessus du sol.

2. Sauter sur la jambe droite sur place et lancer la jambe gauche en avant levée à 20 cm. au-dessus du sol.

3. Léger sursaut de la jambe droite qui s'élève immédiatement en arrière à 20 cm. au-dessus du sol, tandis que la jambe gauche vient servir d'appui.

4. Sauter sur la jambe gauche sur place et lancer la jambe droite en avant, levée à 20 cm. au-dessus du sol.

1. Léger sursaut de la jambe gauche qui s'élève immédiatement en arrière, tandis que la jambe droite revient servir de jambe d'appui *comme à la 1ʳᵉ mesure*, etc.

Pas avec déplacement du corps.

IV. PAS CHASSÉ SIMPLE. — Ce pas s'exécute avec un mouvement par temps. Il peut se faire de l'un ou l'autre pied. Voici l'exemple du pas chassé gauche :

1. Poser le pied gauche en avant.

2. Amener vivement le pied droit contre le talon gauche, de façon à ce que le pied droit soit chassé en avant. Le pied ainsi chassé reste levé à 20 cm. du sol.

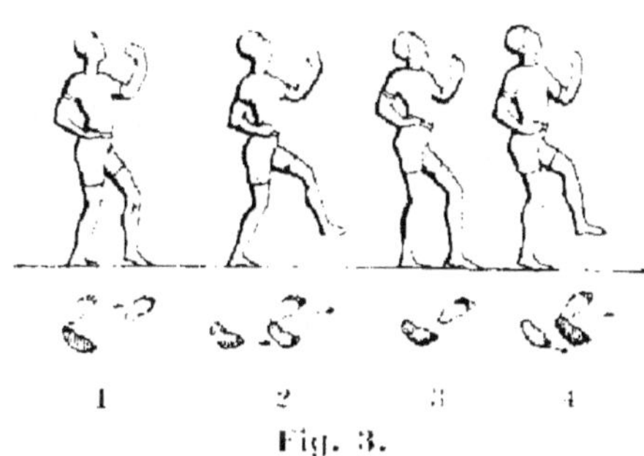

Fig. 3.

3. Poser le pied gauche en avant sur le sol, comme au 1ᵉʳ temps.

4. Tout comme au 2ᵉ temps.

V. PAS CHASSÉ ALTERNATIF. — S'exécute en quatre temps (Fig. 4).

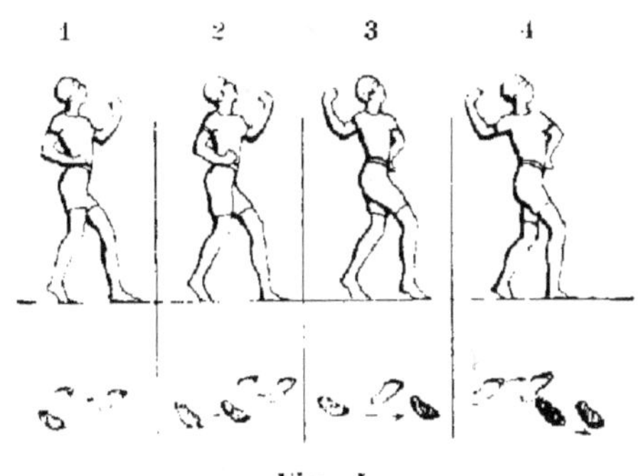

Fig. 4.

1. Poser le pied gauche en avant.

2. Amener vivement le pied droit contre le talon gauche, de façon à ce que le pied gauche soit chassé en avant. Le pied gauche se pose sur le sol à la distance ordinaire d'un pas.

3. Pas complet ordinaire du pied droit en avant.

4. Amener vivement le pied gauche contre le talon droit, de façon à ce que le pied droit soit chassé en avant. Le pied droit se pose sur le sol à la distance ordinaire d'un pas. Puis on reprend le 1ᵉʳ temps.

VI. PAS GLISSÉ AVEC SURSAUT. — On peut exécuter un pas par temps ou un pas pour deux temps, suivant la vitesse de la musique. S'en tenir aux indications de chaque exercice.

1. Pas gauche glissé en avant, exécuter un petit sursaut sur le pied gauche, pied droit derrière et contre la jambe gauche

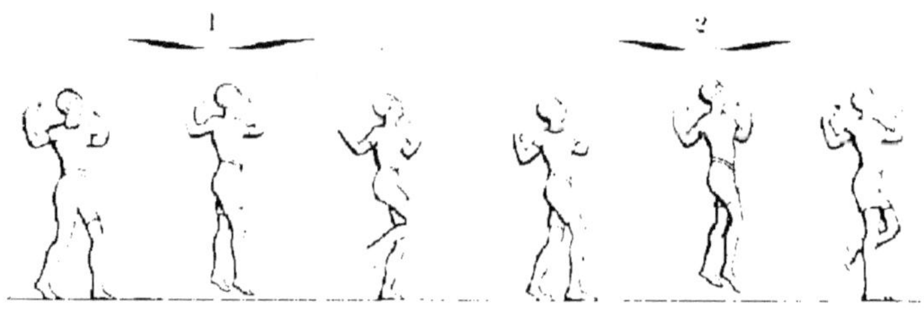

Fig. 5.

(*Fig. 5, trois premières positions*).

2. Pas droit glissé en avant, exécuter un petit sursaut sur le pied droit, pied gauche derrière et contre la jambe droite (*Fig. 5, les dernières positions*).

3. Comme au 1ᵉʳ temps, et ainsi de suite.

Ce pas permet quelques variantes. A la fin de chaque temps, la jambe qui reste levée peut prendre diverses positions. Ou

Fig. 6.

bien elle est fléchie et appuyée contre la jambe d'appui comme dans la figure précédente (*Fig. 5*); ou bien elle est presque tendue en avant (*Fig. 6, première position*), ou encore elle est rejetée en arrière (*Fig. 6, 2ᵉ position*). Dans ce dernier on exécute le pas en penchant un peu le corps en avant et en le balançant légèrement à droite et à gauche.

VII. PAS JETÉ. — Il s'exécute, un pas par temps, du pied gauche et du pied droit alternativement.

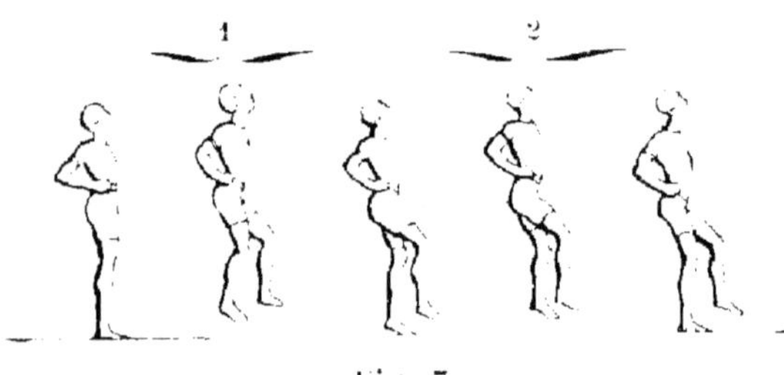

Fig. 7.

1. Saut léger du pied droit en avant. Le corps retombe sur le pied gauche, tandis que le pied droit se relève par une flexion du genou.

2. Saut léger du pied gauche en avant; le corps retombe sur

le pied droit, tandis que le pied gauche se relève par une
flexion du genou. Et ainsi de suite *Fig. 7*.

Ce pas diffère de la marche ordinaire simplement en ceci :
dans la marche on fait un pas en avant au moment où la jambe
en mouvement est venue se placer sur le sol. Ici au contraire,
grâce à l'élan qui précède chaque pas, la jambe en mouvement
ne touche le sol qu'à l'instant où l'autre est déjà levée. Ne pas
confondre avec le pas précé-
dent où le pied touche le sol
deux fois à chaque temps.

La jambe qui est levée peut
prendre diverses positions.
Elle est placée en avant genou
fléchi, pied perpendiculaire

Fig. 8.

au sol *Fig. 7*. Ou bien elle est tendue en avant *(Fig. 8,
2ᵉ position)*; ou placée de côté, le pied passant de l'autre côté
de la jambe d'appui *(Fig. 8, dernière position, appelée aussi pas
coupé)*. Ou encore la jambe se relève en arrière *(Fig. 8, 1ʳᵉ et
3ᵉ position)*. On emploie cette dernière variété pour se déplacer
en arrière.

Hardi, gais lurons

N° 45 des Chants des Patronages.

ENSEMBLE DE JEUX RYTHMÉS

Observations. — *Le nombre requis pour la bonne exécution des figures est de 16 élèves. On les numérotera par 4 dans chaque rang. Pour distinguer dans les figures les quatre files, on pourra donner un signe spécial au 1er et au 3e rang ou au 2e et 4e. Voir Préliminaires, p. 56.*

À moins d'indications contraires, ces mouvements se font au pas de marche ordinaire, les bras balançant naturellement le long du corps.

Comme accessoires, on aura besoin de quatre ballons ou grosses balles pour le premier couplet.

PREMIER COUPLET (*Le ballon.*)

Les élèves arrivent en formation de colonne par quatre, puis ils s'écartent peu à peu les uns des autres pour former quatre carrés symétriques comme l'indique la figure 9. **I.** La distance entre chaque élève sera de 2,50 à 3 mètres. Tout le monde s'arrête au signal, mains aux hanches : dans chaque groupe un élève tient en main un ballon.

1 1 Dans chaque carré, chaque élève fait à droite ou à gauche sur place, de façon à ce que tous aient la face tournée vers le centre du carré, comme l'indique le tracé en pointillé du premier groupe de gauche (*même fig.*).

En même temps, chacun a étendu ses deux bras horizontalement en avant et porté le pas gauche en avant 1.

234 Dans chaque groupe, l'élève porteur du ballon lève les deux bras verticalement puis jette le ballon à terre dans la direction de son voisin immédiat. Ce dernier le rattrape au 1er bond et remet aussitôt les bras tendus en avant.

2 1234 Tout le monde remet les mains aux hanches *sauf les porteurs de ballon* et replace le pied gauche près du droit.

3 1234 Extension des bras en avant et pas gauche en avant. Le porteur du ballon lève les bras verticalement, jette le ballon vers le troisième élève du carré qui le rattrape au premier bond.

4 1234 Mains aux hanches, sauf pour les porteurs de ballons, et pied gauche contre le droit.

5 1234 Extension des bras en avant et pas gauche en avant. Le porteur du ballon lève les bras verticalement et jette le ballon vers le quatrième élève du carré, etc.

6 1234 Mains aux hanches, sauf pour les porteurs de ballons et pied gauche contre le droit.

7 1234 Extension des bras en avant et pied gauche en avant. Le porteur du ballon lève les bras et jette le ballon vers le premier élève du carré, etc.

8 1234 Mains aux hanches, sauf pour les porteurs de ballons, et pied gauche contre le droit.

9 1234 Dans chaque carré, chaque élève lève les bras verticalement et fait trois pas en avant vers le centre du carré (*partir*

(1) Pour l'explication de ces chiffres **1 1234**, se reporter à l'introduction, page VIII.

du pied gauche. Les mains se mêlent un peu et un des élèves saisit le ballon. *Cet exercice imite la mêlée du football rugby*.

10 1234 Chacun revient à sa place en faisant trois pas en arrière, les mains aux hanches. Les porteurs de ballons gardent les bras verticaux.

11 1234 Même mouvement qu'à la mesure 9 : Bras verticaux, trois pas en avant, saisie du ballon par un élève.

12 123 Même mouvement qu'à la mesure 10. Trois pas en arrière, mains aux hanches.

4 Chaque élève fait à droite ou à gauche sur place pour se trouver face en avant, au garde à vous, mais dans le rang. Les porteurs de ballons s'en débarrassent en les jetant sur le côté.

REFRAIN

Durant les quatre mesures du refrain, les élèves exécuteront une ronde par carré. Ils feront le trajet avec le pas glissé avec

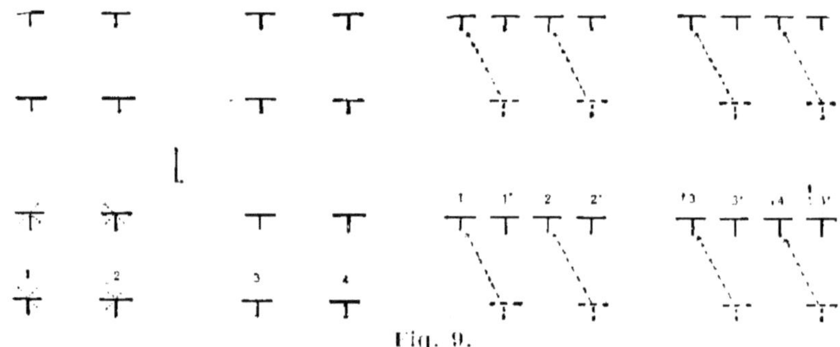

Fig. 9.

sursaut *Préliminaires, pas N° VI* et en portant les mains aux hanches. Ils seront de retour à leurs positions initiales pour le dernier temps de la quatrième mesure.

Repos quelques instants.

DEUXIÈME COUPLET (Saut de mouton).

1,2 *Quand* l'un d'entre nous se *sent* malade,

3,4 *Il* ne doit pas aller *au* médecin,

5,6 *Il* lui prescrirait d'la *limonade*

7,8 *Ou* tout un grand verre d'huil' *de ricin* !

9   *Cela n'est pas de notre âge.*

10   *On arrive au patronage.*

11   *On chante et l'on rit*

12   Puis on s'en *retourne guéri.*

Il s'agit d'abord de reprendre la position en lignes, indiquée à la seconde partie de la figure 9.

1 123 Dans chaque carré les élèves du premier rang font demi-tour à droite en trois temps. *1er temps : Porter le talon droit à 10 cm. en arrière du talon gauche, pieds d'équerre ; 2e temps : pivoter sur les talons pour être face en arrière ; 3e temps : ramener le talon gauche près du droit.*

4 Ces mêmes élèves partent du pied gauche dans la direction indiquée par les lignes de la figure, vers la gauche des élèves qui formaient la base de leurs carrés.

2 1234 Ils continuent quatre pas dans cette direction.

3 12 Au 1er temps, on arrive sur la ligne le pied gauche en avant. Faire demi-tour à droite en pivotant sur ce pied. L'on se trouve alors à la position de la figure 9 *2e partie, traits pleins*.

Le premier rang formé par les files, 1. 1', 2. 2' et 3. 3'. 4. 4' reste immobile.

34 Au 3e temps, les deux files du fond complétées partent du pied gauche en avant.

4 1234 Les deux files du fond continuent de marcher en avant et s'arrêtent au 4e temps tout contre le premier rang, bras tendus verticalement en avant. Au 2e temps de cette mesure, tous les élèves du premier rang se sont courbés complètement pour se préparer à servir d'appui à leurs camarades.

5 12 Tous les élèves du second rang posent les mains sur le dos de leurs vis-à-vis, sautent en écartant les jambes et retombent en avant talons réunis, bras étendus latéralement.

34 Ils abaissent les bras dans le rang et repartent du pied gauche en avant.

6 1234 Ce même rang continue d'avancer 3 pas et s'arrête sur le pied gauche au quatrième temps.

Au 1er temps de cette même mesure, le rang qui a servi d'appui et qui était baissé se relève, puis...

7 1234 se met en route en avant du pied gauche, quatre pas.

8 1234 Il fait encore 3 pas et s'arrête au quatrième temps, bras tendus horizontalement en avant.

Au premier temps de cette même mesure le rang de tête alors immobile se courbe complètement pour se préparer à servir d'appui pour un nouveau saut de mouton.

9 12 Au premier temps, tous les élèves du second rang posent les mains sur le dos de leur vis-à-vis, sautent en écartant les jambes et retombent, talons réunis, bras écartés latéralement.

3**4** Ils abaissent les bras dans le rang et reprennent leur marche en avant du pied gauche.

10 1234 Ils continuent de faire 4 petits pas en avant. Au 1ᵉʳ temps de cette même mesure, le rang qui a servi d'appui se redresse [1].

11 1234 Au premier temps, le premier rang se divise en deux en faisant à droite et à gauche en marchant *1.1'. 2. 2' font à droite, 3. 3'. 4. 4' font à gauche* et les files se dirigent vers les deux extrémités de la scène. *Fig. 10, I.*

Également au premier temps, le second rang se met en route en avant comme l'indique la flèche pointillée de la même figure.

12 123 Chacun continue de marcher dans sa direction respective de façon à ce que tous les élèves soient sur une seule ligne. *Fig. 10, II.*

Au 4ᵉ temps, tout le monde s'arrête face en avant.

REFRAIN

Durant les quatre mesures du refrain, chaque élève exécutera sur place le pas battu alternatif avec sursaut *(pas III, page 58)*, en portant les mains aux hanches [2].

Repos quelques instants.

---

[1] Puisqu'il y a eu deux sauts de mouton successifs, les rangs sont redevenus comme à la fig. 9, deuxième partie, comme au début du couplet.

[2] Si la place manquait pour que les élèves exécutent aisément ce pas sur une seule ligne, on serait resté à la position de la fin de la 10ᵉ mesure du deuxième couplet.

TROISIÈME COUPLET (Passez, pont-pont).

1,2   *On en voit parfois qui sont moroses,*

3,4   *Toujours mal tournés, jamais contents :*

5,6   *De la vie ils ne voient pas les roses,*

7,8   *Ils n'en veulent voir que les chiendents.*

9   *S'ils venaient au patronage*

10   *Ils auraient meilleur visage.*

11   *Quand le soleil luit*

12   *Pourquoi mettre un bonnet de nuit ?*

Si l'espace laissé libre devant la ligne était trop étroit, faire faire quelque pas en arrière de façon à évoluer facilement pour le présent exercice.

M. 1 à 10 1. Cet exercice s'exécute des deux côtés de la scène à la fois comme le montre la figure 10. II. Dans chaque file les élèves se prennent la main et chaque chef de file entraîne ses camarades vers le pont formé par le N° 1 et 1', et 1 et 1'. Le reste de la file suit, mais le N° 1' ne laisse passer que son bras gauche sous le pont et il se trouve ainsi immobilisé contre le N° 1. L'exercice se continue rapidement d'un pas léger, sem-

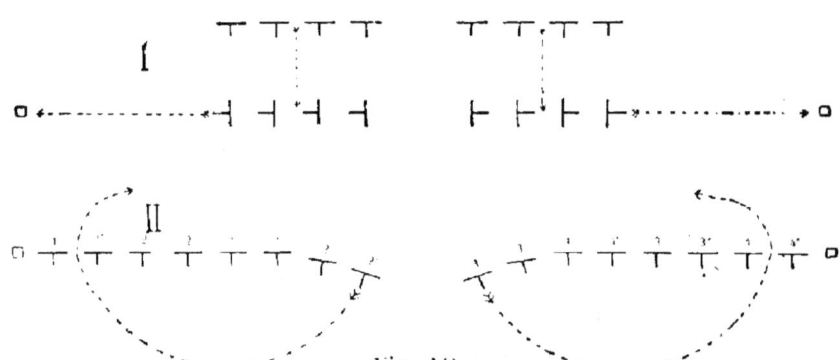

Fig. 10.

blable au pas de course, de façon à ce que tout soit fini en même temps des deux côtés de la scène pour la 10° mesure. Les chefs de file eux-mêmes sont immobilisés.

(1) M. = mesure.

M. 11 et 12. Au premier temps, chaque élève de la file de gauche frappe vivement le sol du pied gauche *(du pied droit pour la file de droite)*, et lève le plus haut qu'il peut son bras droit *(bras gauche pour la file de droite)* sans se lâcher les mains. Chacun a ainsi un pont sous lequel il passe la tête en faisant un tour complet sur lui-même au moyen de plusieurs petits pas sur place. Ce mouvement prendra les deux mesures. Au dernier temps on se lâche les mains et tout le monde est face en avant.

REFRAIN

M. 1 à 4. Les élèves de la file de gauche font un à gauche, ceux de droite un à droite, et se mettent en route pour remonter vers le fond de la scène en suivant le tracé indiqué par la figure 11.

Au tournant du fond chaque file se dédouble de façon à

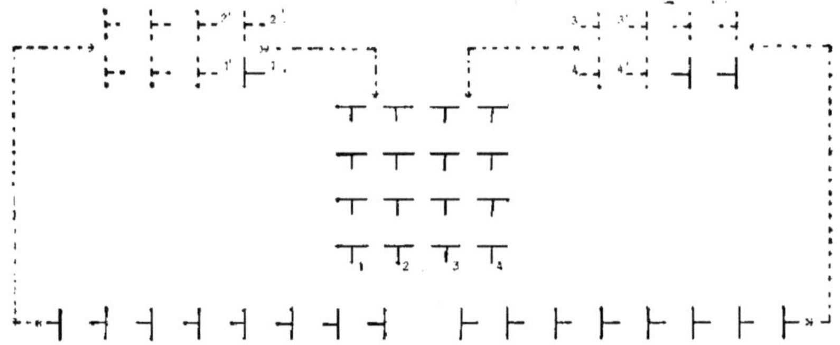

Fig. 11.

joindre ensemble deux élèves du 1ᵉʳ rang, deux élèves du 2ᵉ rang et ainsi de suite. Les deux files s'avancent l'une vers l'autre jusqu'au milieu de la scène et là elles pivotent sur les numéros 4 et 1 pour se former en colonne par 4 dans l'ordre primitif.

Durant tout ce mouvement on pourra exécuter le pas jeté *(pas VII)*. Les élèves de tête auront soin de diminuer de moitié la longueur de leur pas au moment du dédoublement des files.

Ce mouvement demande parfois plus de temps que le refrain. On l'achève sans chanter.

QUATRIÈME COUPLET (Le moulin).

1,2   Il en est qui font de *longs* voyages
3,4   *Pour* prendre l'air pur à *pleins* poumons :
5,6   *Ils* vont à Boulogne, à *Paris-Plage* :
7,8   *Vont* bouffer les huîtres *d'Arcachon*.
9   *Mais* pour nous le patronage
10   *Est* la meilleure des plages.
11   *Car* mieux qu'en tout lieu
12   On y res*pir'* l'air du bon Dieu.

M. *1 et 2*.   La colonne par 4 se trouve au milieu du terrain. Au premier temps, le premier rang se met en route en avant comme l'indique la figure 12, I.

En même temps, le 2ᵉ rang fait un à gauche et se met en

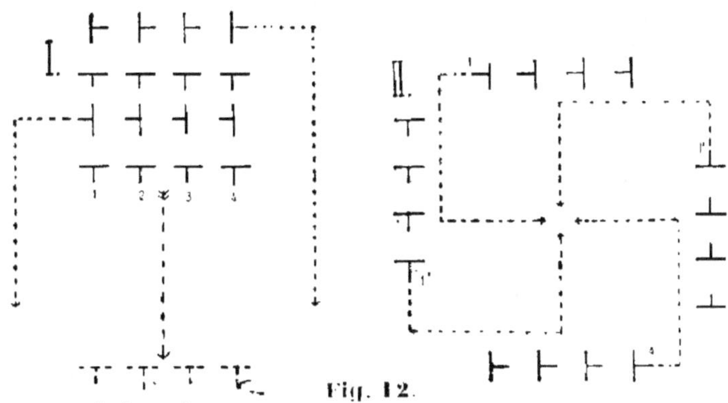

Fig. 12.

route suivant le tracé de la figure 12, I. Le troisième rang reste immobile. Le 4ᵉ rang fait un à droite et va se placer parallèlement au 3ᵉ rang. On a ainsi les quatre côtés d'un carré.

Cette marche s'exécute avec le pas jeté *(pas VII, avec jambe tendue en avant)*. Les élèves continuent le pas sur place dès qu'ils ont atteint la position indiquée.

M. *3 et 4*.   L'instructeur donne un coup de sifflet et tout le monde se met en marche dans le même sens en continuant le même pas jeté. Le 1ᵉʳ rang a dû faire pour cela un à gauche, le rang latéral de droite a dû faire un demi-tour rapide par un saut sur place, le rang du fond a fait un à droite. Chaque chef de file suit le tracé indiqué par la figure 12, II, et vient vers le centre former les quatre rayons ou les quatre ailes d'un moulin.

M. 5 à 10. L'instructeur donne deux coups de sifflet successifs. Au premier coup les élèves cessent le pas qu'ils exécutaient et font un à droite. Ils se trouvent alors dans la position indiquée par la fig. 13, I *faire abstraction des positions notées en pointillé*. Les 4 chefs de file tendent leur bras gauche vers le centre et se saisissent mutuellement le poignet pour former l'axe du moulin. *Fig. 13, III*. Au second coup de sifflet, le moulin se met à tourner de gauche vers la droite. C'est à ce moment seulement que l'on commence à chanter le premier temps de la 5me mesure.

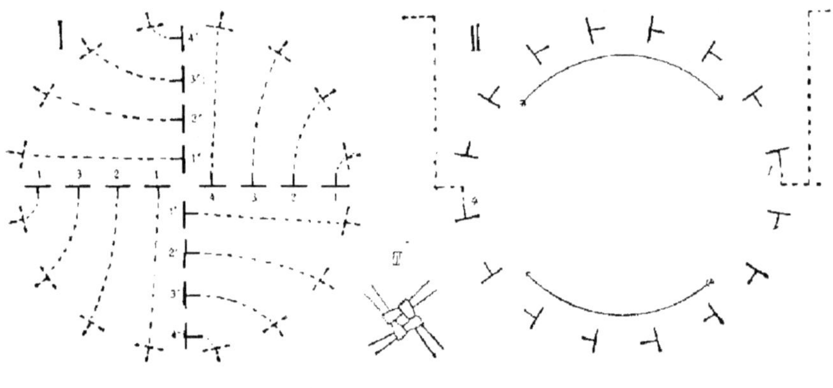

Fig. 13.

Les élèves exécutent le pas chassé simple du pied droit en avant *pas IV, page 59*, à la vitesse de 2 temps par pas. Ils ont soin de bien garder leur position régulière et pour cela les élèves qui sont à l'extérieur font le pas plus grand que ceux du centre. Chaque élève tient le bras droit levé en demi-cercle à hauteur de tête et le bras gauche à la hanche, sauf pour les élèves du centre.

Faire autant que possible le tour complet durant les 6 mesures.

Au dernier temps de la 10e mesure, chaque élève s'arrête sur place et baisse les bras dans le rang.

M. 11 et 12. Au premier temps on se tient la main dans chaque rang de 4; l'élève qui était à l'extrémité extérieure de chaque aile fait un à droite sur place et les autres se mettent en route au pas ordinaire pour former le pourtour d'une circonférence régulière en pivotant sur cet élève. *Fig. 13, I, tracé en pointillé*. Les distances entre chaque élève s'élargissent au fur et à mesure qu'ils approchent du pourtour tracé. Ils y arrivent après 7 pas, les bras tendus, le dos tourné au centre du cercle. Au dernier temps de la 12me mesure, arrêt, et bras dans le rang.

REFRAIN

A un signe ou au coup de sifflet de l'instructeur, tout le monde fait un à droite *(Fig. 13, II)*.

On commence alors seulement le premier temps du chant en exécutant une ronde dans le sens de la flèche. Quand on a fait un tour complet, deux chefs de file 1 et 4 se détachent du cercle et suivent les côtés de la scène pour disparaître dans les coulisses ou au fond du terrain. *(Fig. 13, II)*. Cette ronde et ce départ se font avec le pas jeté VII, jambe tendue en avant.

Notre Patronage

Observations générales. — *Ces exercices ont été composés pour 16 élèves. On pourrait assez facilement en augmenter le nombre. Les élèves sont divisés en deux files, numérotés de 1 à 8. Nous appellerons les rouges la file de droite et les bleus la file de gauche. Ces derniers se reconnaissent sur le dessin par des traits supplémentaires qui garnissent le ⊟. Cette différence doit se marquer aussi dans les costumes, car plusieurs figures ont besoin de cette variété de couleurs pour être intéressantes.*

PREMIER COUPLET

Les élèves entrent des deux côtés de la scène en file de 8, les rouges à droite, les bleus à gauche. Ils se joignent au milieu et s'avancent en file double jusqu'au centre de la scène. A ce moment seulement on commence le chant. Les chefs de file se séparent et suivent l'itinéraire tracé par la figure H. I. Le

diamètre de ces circonférences peut être de 2.50 à 3 mètres.
Chaque chef de file est suivi de ses partenaires qui remplissent
peu à peu les quatre cercles. Chaque cercle doit contenir quatre
élèves à la fois : on suivra donc cette règle au moment de
passer d'un cercle dans un autre : les élèves d'une même file et
marchant dans le même sens ne doivent pas quitter un même
cercle à deux de suite, mais se croiser avec l'élève qui arrive
dans le sens opposé.

Quand chaque chef de file a parcouru les deux cercles de
droite ou de gauche *Fig. 14, I*, il se croise avec le chef de file
opposée et parcourt les deux cercles nouveaux complétement.
La fig. 14, II, montre la position approximative de chaque élève
à la fin de l'exercice quand les deux chefs de file ont parcouru
complétement les quatre cercles de la figure.

A ce moment les chefs de file se détachent de la figure pour

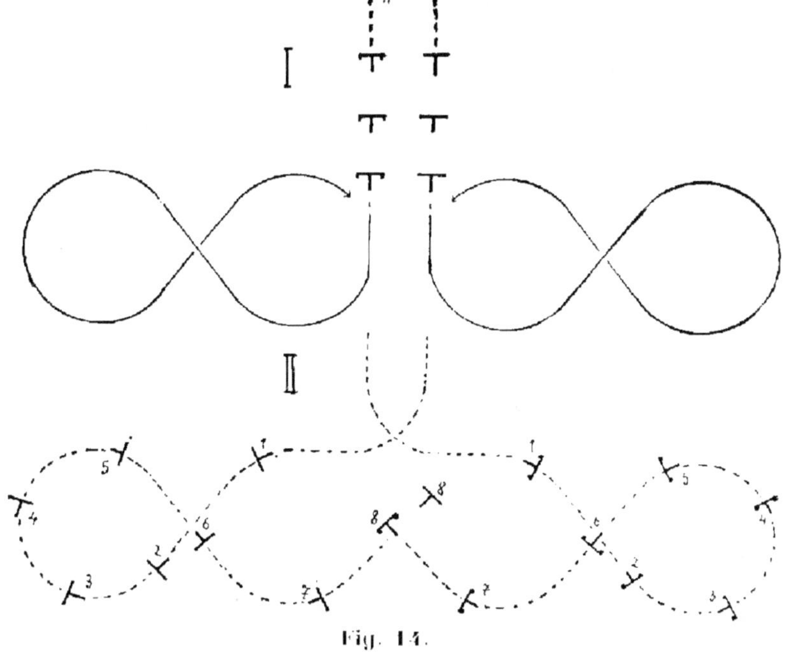

Fig. 14.

reprendre la position en file double qu'ils avaient en commençant l'exercice. Mais auparavant il est nécessaire qu'ils se

croisent, le N° 1 rouge passant avant le 1 bleu et ainsi de suite, de façon à retrouver l'ordre primitif *(fig. 14, 14)*.

Cet exercice se fait avec le pas jeté *(pas VII, page 60, jambe tendue en avant)*, mains aux hanches. Il s'exécutera autant que possible durant les 8 mesures du couplet. Au moment où chaque élève reprend la marche en ligne en dehors de la figure, il reprend en même temps le pas ordinaire.

REFRAIN

Le refrain est commencé aussitôt après le couplet, même si la figure n'est pas terminée.

Les deux files continuent d'avancer au pas vers le fond de la scène où elles se partagent en deux groupes de cette manière :

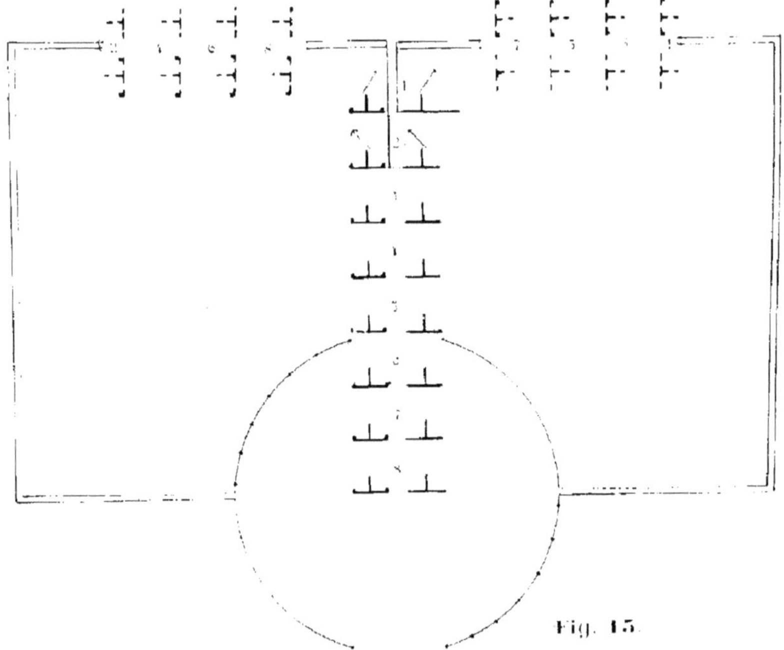

Fig. 15.

Le 1 rouge et le 1 bleu tournent à droite, le 2 bleu et le 2 rouge tournent à gauche, et ainsi de suite *Fig. 15*.

Les deux groupes ainsi composés font deux changements de

direction comme l'indique cette même figure pour revenir vers l'avant de la scène et s'avancent l'un vers l'autre.

Quand les deux files se trouvent distantes de six mètres environ, les rangs s'ouvrent et forment chacun un quadrant d'une circonférence régulière *même fig. 15*. Les lignes coupées de traits noirs indiquent que ces parties sont occupées par des bleus.

Quand le cercle est complètement formé, tout le monde s'arrête et fait face en avant. On termine le refrain s'il ne l'était pas encore. Quelques instants de repos.

DEUXIÈME COUPLET & REFRAIN |

À un premier signal, tout le monde fait un à gauche, de façon à être prêt à tourner de droite vers la gauche *fig. 16*. À

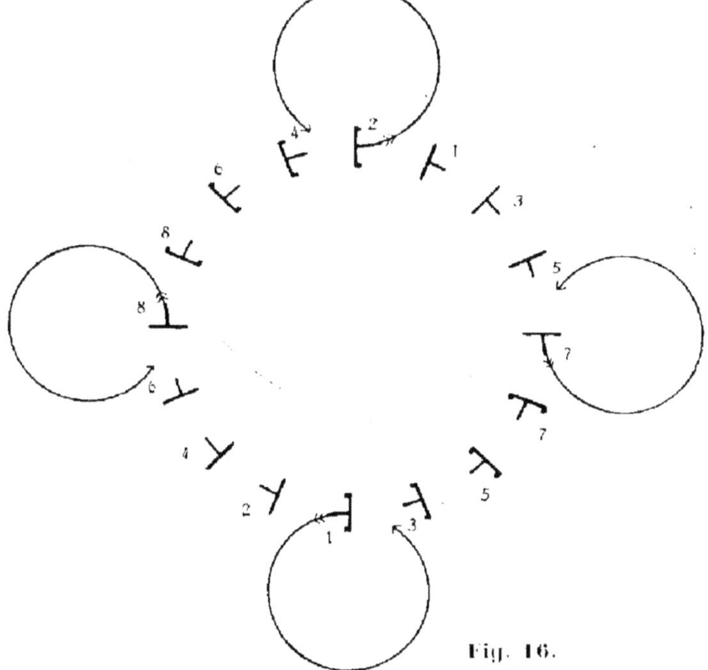

Fig. 16.

un second signal on commence le chant et le mouvement

(1) Voir les paroles dans le recueil des *Chants des Patronages*.

commence dirigé par quatre chefs de file qui sont le 1 bleu, le
8 rouge, le 2 bleu et le 7 rouge.

Les chefs de file s'écartent en effet de la circonférence principale et forment 4 nouveaux cercles plus petits avec les trois
élèves qui les suivent, fig. 16 et 17. Quand les chefs de file sont
revenus sur la ligne de la grande circonférence, ils la suivent à
nouveau durant un quart de cercle. Puis nouvelle rupture du
grand cercle pour en former 4 petits, et ainsi de suite jusqu'à ce
que chaque élève soit revenu à la place qu'il occupait au début
du couplet. On mettra 4 mesures pour former un petit cercle et
revenir ensuite sur la grande circonférence. Comme ce mouve-

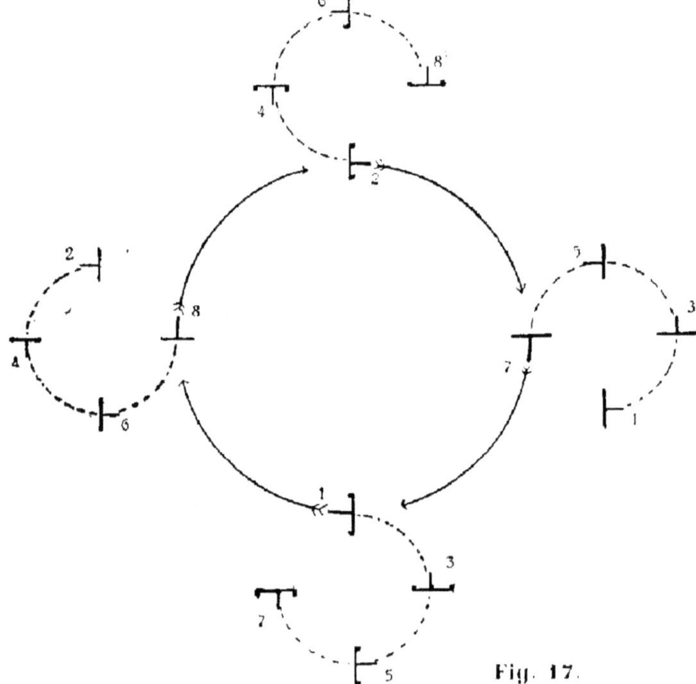

Fig. 17.

ment se répète quatre fois, le couplet et le refrain, qui comprennent chacun 8 mesures, serviront pour tout l'exercice.

On pourra varier le pas de cette manière : quand les élèves
sont sur le grand cercle, ils exécutent le pas glissé avec sursaut,
jambe tendue derrière, mains aux hanches *(pas VI, page 59.*

2 temps par pas). Au moment où ils entrent dans un petit cercle, ils prennent le pas jeté *(pas VII, page 60, un temps par pas)* pour le quitter dès qu'ils retrouvent le grand cercle.

À la fin de l'exercice, tout le monde fait face en avant sans quitter le cercle et se repose quelques instants.

TROISIÈME COUPLET

L'exercice de ce couplet consiste à constituer deux cercles concentriques tournant dans un sens différent l'un de l'autre. Ce sont d'abord les 8 bleus qui forment le cercle intérieur : ils sont ensuite remplacés par les rouges.

Au premier signal, les élèves qui sont alors sur un seul cercle font un à droite ou un à gauche sur place pour se trouver dans chaque demi-circonférence opposés les uns aux autres. Les rouges 2, 4, 6, 8 regardent les bleus 1, 3, 5, 7, et les rouges 1, 3, 5, 7 regardent les bleus 2, 4, 6, 8 *fig. 18*.

À ce moment le chant commence et on exécute le mouvement sous la direction des quatre chefs de file, 1 et 2 rouges, 1 et 2

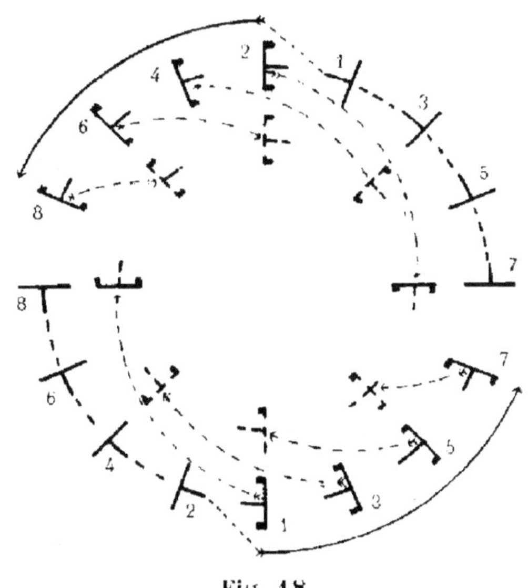

Fig. 18.

bleus. Les deux files de bleus forment d'abord le cercle intérieur ; ils se rapprochent donc du centre et vont se former en suivant le parcours indiqué sur la figure 18 en pointillé et occupent les places également marquées en pointillé. Pendant ce temps, les rouges s'avancent dans le sens des flèches extérieures et se distancent un peu dans chaque file pour occuper la place laissée vide par les bleus. Les élèves occupent à ce moment les positions marquées sur la fig. 19 *faire abstraction des flèches*.

Chaque groupe fait un tour complet en suivant le sens de rotation qu'il a déjà commencé.

Il s'agit ensuite de faire passer les bleus au cercle extérieur et les rouges au cercle intérieur.

Quand les chefs de file 1 rouge et 1 bleu, 2 rouge et 2 bleu, sont vis-à-vis l'un de l'autre, ils opèrent un changement de direction, se croisent par la gauche et suivent le tracé indiqué par les flèches, fig. 19. Les autres élèves les suivent et on a à nouveau deux cercles concentriques réguliers. On continue la marche de façon à faire un tour ou deux tours complets pour terminer le chant du couplet.

Ce mouvement peut se faire au pas ordinaire. Si les élèves sont bien exercés, on

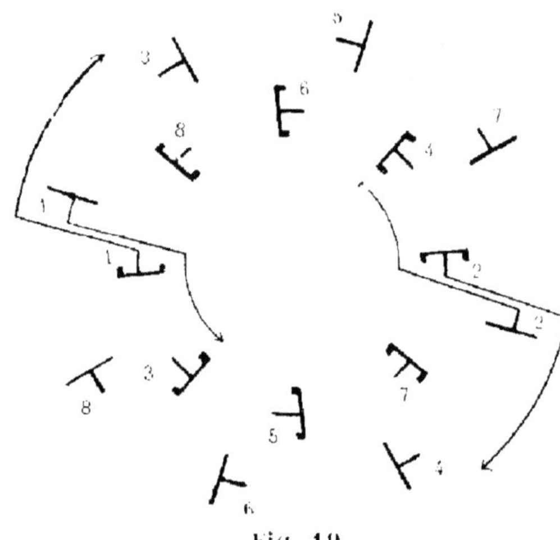

Fig. 19.

pourrait faire exécuter aux élèves du cercle intérieur le pas glissé avec sursaut *(pas VI, page 59)*, deux temps par pas, et aux élèves du cercle extérieur qui doivent aller plus vite, le pas jeté *(pas VII)*, un temps par pas. Quand les élèves passent d'un cercle dans un autre, ils changent également de pas.

Les élèves du cercle intérieur lèvent le bras qui est tourné vers le centre en demi-cercle à hauteur de tête. L'autre bras est baissé, la main à la hanche. Les élèves du cercle extérieur prennent les positions inverses : bras extérieur levé, etc.

REFRAIN

À la fin du couplet tout le monde s'est arrêté. Les bleus qui occupent le cercle extérieur tournent le dos au centre du cercle (*Fig. 20*). Les rouges viennent occuper les places libres sur le cercle extérieur, de façon à ce qu'il y ait successivement un bleu et un rouge (*Fig. 20, tracé pointillé*).

À ce moment on commence le refrain et tout le monde exécute une ronde, de la droite vers la gauche, au moyen du pas glissé avec sursaut ou du pas chassé alternatif *VI* ou *VII*. A la fin du refrain, tout le monde s'arrête et fait à droite ou à gauche pour être face en avant.

QUATRIÈME COUPLET & REFRAIN

À un premier signal, les élèves ouvrent leurs rangs et quittent le cercle pour se former en deux lignes distantes l'une de l'autre d'environ trois mètres. Cette manœuvre

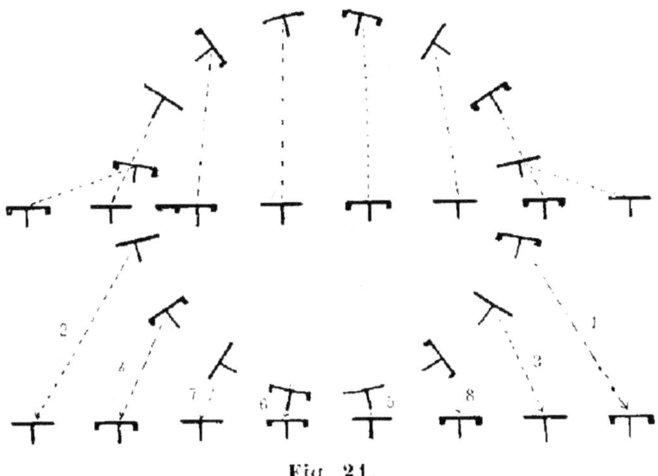

Fig. 20.

Fig. 21.

est très facile si on l'exécute suivant les indications de la fig. 21.

Il n'est pas nécessaire que les élèves se retrouvent sur la ligne dans l'ordre de numérotation indiqué sur la fig. 21, puis 22. Il suffit que les bleus et les rouges soient mélangés et que ce soit un rouge qui soit le premier du 1er rang et un bleu le premier du 2e rang.

En même temps que les élèves se forment en ligne, ils s'écartent les uns des autres de façon à ce qu'il y ait près de deux mètres entre chacun 1. Ils pourront prendre ces distances en écartant les bras latéralement.

A un second signal, ceux qui occupent la 1re, 3e, 5e, 7e place de chaque rang font un à gauche sur place, les autres font un à droite (Fig. 22, I), et alors on commence le chant et l'exercice proprement dit.

Chaque élève part dans la direction où il est tourné; il exécute un trajet en serpentine en croisant à droite le premier

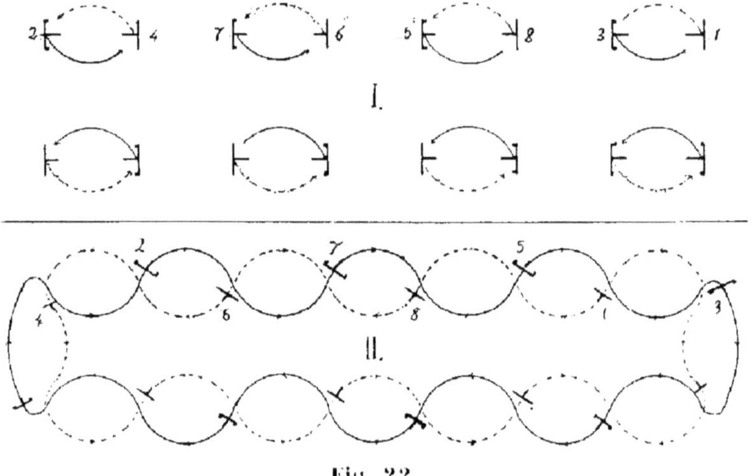

Fig. 22.

élève qu'il rencontre, à gauche le second, à droite le troisième, et ainsi de suite. La fig. 22 montre bien cette double phase de l'exercice. Dans la première partie I, les élèves se croisent à

<hr>

1. Si la scène était trop petite, on pourrait faire sortir à ce moment quatre élèves des rangs ou encore exécuter l'exercice qui suit avec deux groupes de 8 placés en profondeur.

droite; dans la période suivante *II*, ils se croisent à gauche *I*.

La ligne pleine indique l'itinéraire suivi par les bleus ; la ligne pointillée l'itinéraire des rouges. Les deux rangs exécutent cet exercice ensemble. La figure indique assez clairement comment se fait ce passage du 1er au 2e rang.

Cette manœuvre ne présente qu'une difficulté apparente : elle sera bien exécutée dès que les élèves l'auront comprise.

On l'exécute au pas jeté ou glissé, ou mieux avec le pas chassé alternatif *(pas V)*. Les élèves font un pas chassé du pied droit quand ils croisent à droite, un pas chassé du pied gauche quand ils croisent à gauche. Ce pas aide ainsi à la bonne exécution de l'exercice.

On continuera cette marche en serpentine jusqu'à la fin du refrain.

A un coup de sifflet tout le monde s'arrête et fait face en avant dans chaque ligne. A un second coup, le premier rang fait à droite et part au pas de gymnastique en remontant le côté de la scène ; le second rang fait à gauche et part en remontant le côté opposé.

(1) Par exemple, le 7 bleu croise à droite le 6 rouge, dont il prend la place, puis il rencontre le 8 rouge qu'il croise à gauche. La fig. 22 le montre bien.

ENSEMBLE DE TABLEAUX ANIMÉS

Observations générales. — *Les élèves, au nombre de 16, sont divisés en deux files et numérotés de 1 à 8. Nous appellerons les rouges la file de droite et les bleus la file de gauche. Ces derniers se reconnaissent sur le dessin par des traits supplémentaires qui garnissent le ⊢ représentant chaque élève. Les lignes représentant les bleus sont également garnies de petits traits noirs. Cette différence doit aussi se marquer dans les costumes d'une façon quelconque, afin de rendre les figures plus intéressantes.*

PREMIER COUPLET & REFRAIN (La Promenade).

Les élèves entrent de chaque côté de la scène, les bleus à gauche et les rouges à droite *fig. 23. I*. La file des bleus descend vers l'avant de la scène, change de direction et traverse la scène dans toute sa longueur, remonte le côté opposé, puis *fig. 23. II* arrivée au fond de la scène, change de direction pour traverser le terrain en diagonale. A l'arrivée sur le devant

1. Air : *Marche d'Auvergne*.
Musique de Ganne, reproduite avec autorisation spéciale des Éditeurs, Enoch et C°, 4, boulevard des Italiens, Paris.

de la scène, nouveau changement de direction pour remonter latéralement vers le fond. La file des rouges suit un trajet

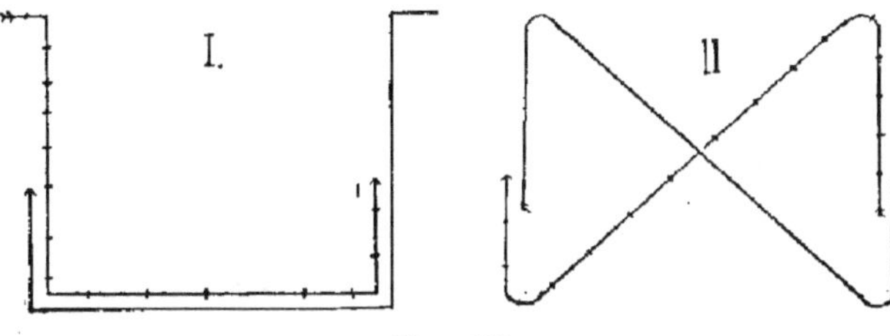

Fig. 23.

analogue en passant à la gauche de la file des bleus. Quand les files marchant en diagonale se croisent au centre du terrain, un bleu passe d'abord, puis un rouge, et ainsi de suite.

Cette première manœuvre s'exécute au pas jeté *(pas VII, page 60, jambe tendue en avant)*.

Le couplet doit être terminé quand les files sont arrivées de chaque côté de la scène. La file de droite *les rouges* fait face à gauche, la file de gauche fait face à droite et toutes les deux se mettent en route en ligne vers le centre du terrain en commençant le refrain *(fig. 24, I)*. Quand les files sont à un mètre l'une

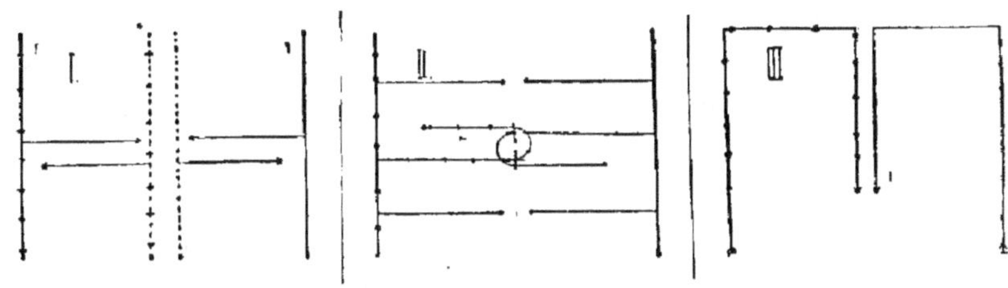

Fig. 24.

de l'autre *(même figure, tracé pointillé)*, les élèves se font réciproquement un salut militaire sans cesser leur pas et font demi tour pour revenir sur les côtés de la scène.

Ils font à nouveau demi-tour et repartent toujours en ligne vers le milieu du terrain. Les rangs se croisent cette fois et chaque bleu passe son bras sous le bras d'un rouge, fait un demi-tour avec lui de la droite vers la gauche, abandonne son bras et revient vers le même côté de la scène. La figure 24, II donne le tracé de cet itinéraire pour un seul rouge et un seul bleu, mais en réalité tous exécutent ensemble le demi-tour et reviennent à leur place en ligne.

Tout le refrain s'exécutera au pas glissé avec sursaut *pas VI, jambe tendue en avant deux temps par pas*. On reprendra la moitié du refrain si l'exercice n'était pas terminé à temps.

Quelques instants de repos.

DEUXIÈME COUPLET & REFRAIN

MARCHE MILITAIRE

Marquant le pas.
D'une allure franche.
Marquant le pas.
V'là les p'tits soldats.
Le cœur léger.
Ils suiv'nt la rout' blanche,
Le cœur léger.
Chantant pour l'abréger. Chantons gaîment !

Les élèves font à droite et à gauche dans chaque file et se mettent en route en file indienne en commençant à chanter. Ils partent vers le fond de la scène, puis se dirigent l'un vers l'autre. Arrivés au milieu, nouveau changement de direction et l'on s'avance en file double vers le devant de la scène. *Tracé de la fig. 24, III.*

Arrivée sur le devant de la scène, la file double *fig. 25, représentée en traits pleins*, se partage à droite et à gauche. Le N° 1 bleu et le N° 1 rouge s'en vont à gauche, le N° 2 rouge et N° 2 bleu à droite, et ainsi de suite. Les deux groupes se dirigent vers les côtés de la scène, la remontent jusqu'au fond, puis se dirigent l'un vers l'autre. A 2m50 de distance, le N° 1 rouge et le 1 bleu font à droite en pivotant sur le 1 bleu ; le N° 2 rouge et le 2 bleu font à gauche en pivotant sur le 2 rouge pour former une ligne de quatre élèves. Les autres font de même au fur et à mesure, et l'on a ainsi une colonne par quatre qui s'avance vers l'avant de la scène *fig. 25*.

Arrivé sur l'avant de la scène *fig. 26*, le groupe se partage à

nouveau. Le premier rang fait un à droite en marchant et se
dirige en file indienne vers le côté gauche de la scène. Les

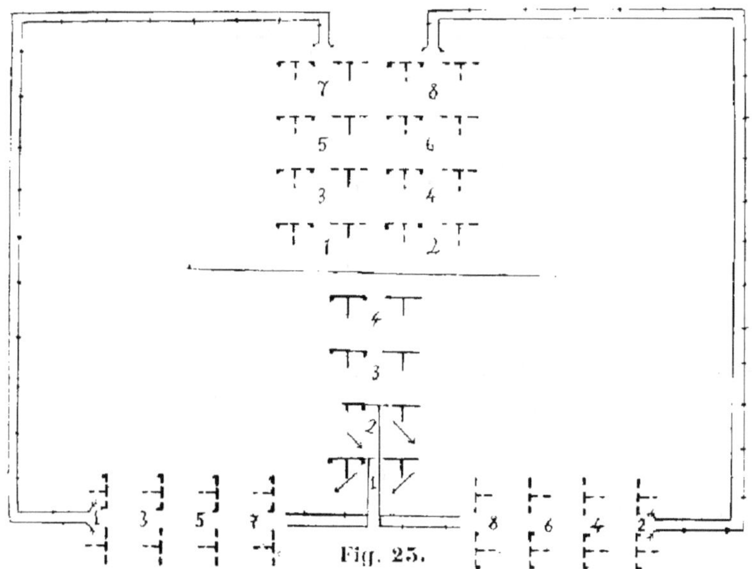

Fig. 25.

élèves font alors à droite en marchant et se dirigent en ligne
de 4 vers le fond de la scène. Le second rang a fait en même
temps une marche identique du côté opposé : face à gauche,
marche en file indienne, face à gauche et marche en ligne. Le
3e et le 4e rang durant ce temps ont marqué le pas sur place ;
ils s'avancent à leur tour sur le devant de la scène quand les
1er et 2e rangs sont en marche vers le fond du terrain. Ils exécutent alors exactement les mêmes mouvements que les deux
premiers rangs.

Quand le 1er et le 2e rang sont arrivés au fond de la scène, ils
font à droite et à gauche en marchant *tracé pointillé de la
fig. 26* et se dirigent l'un vers l'autre en file indienne. Quand
les chefs de file se joignent au milieu du terrain, tous font à
nouveau un à droite ou un à gauche et s'avancent en ligne de
8 vers l'avant de la scène.

Les 3e et 4e rangs font exactement le même parcours et viennent
former une seconde ligne de 8 derrière la première.

A un signal de l'instructeur, tout le monde s'arrête en même temps.

Toute cette manœuvre se fait au pas ordinaire bien cadencé.

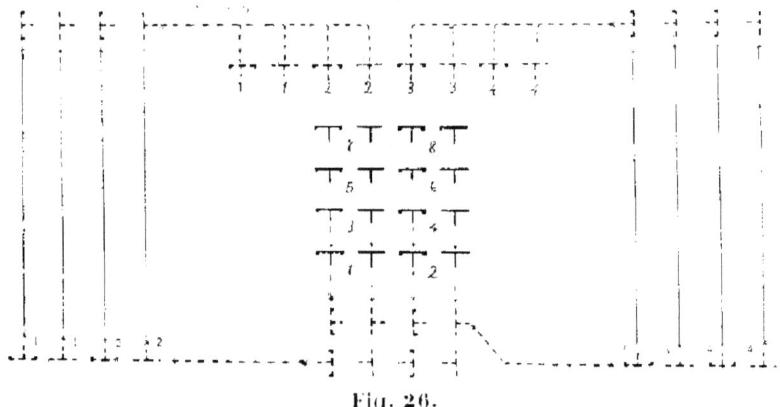

Fig. 26.

sans aucun arrêt durant le couplet et le refrain.

Chacun marche d'une allure bien dégagée et militaire.

TROISIÈME COUPLET (*L'Atelier*).

1   *A l'atelier.*
2   *L'ouvrier qui trime.*
3   *A l'atelier.*
4   *Chante à son métier.*
5   *Avec entrain*
6   La *navette* ou la *lime.*
7   *Avec entrain*
8,9   *L'accompagn'nt au refrain. Chantons gaîment!*

A un signal donné, les rangs de 8 élèves se divisent et s'élargissent par le milieu, puis le N° 1 rouge et le N° 2 bleu, le N° 3 rouge et le N° 4 bleu de la première ligne sortent du rang et viennent se placer devant les élèves restés sur la ligne de façon à former des carrés réguliers. Le N° 5 rouge et le N° 6 bleu, le N° 7 rouge et le N° 8 bleu en font autant au second rang *(fig. 27)*.

A un nouveau signal, dans chaque carré les élèves font un à droite ou un à gauche sur place pour se trouver vis-à-vis. Dans

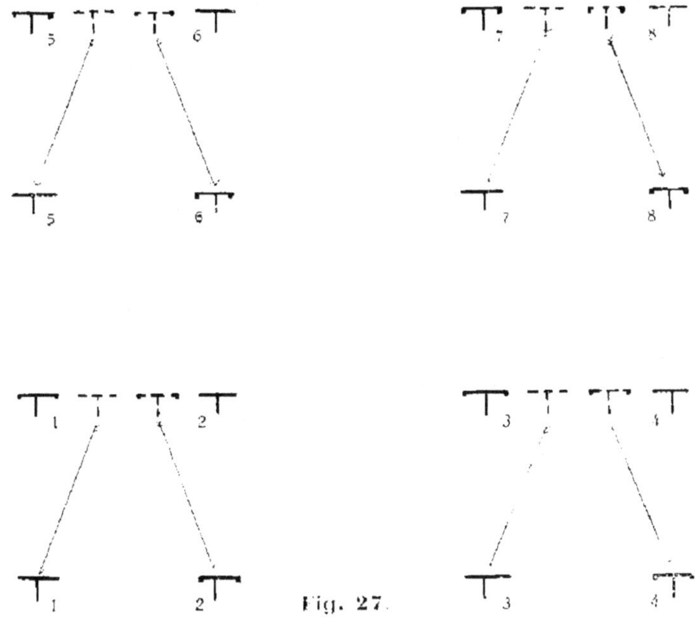

Fig. 27.

le premier carré, par exemple, le N° 1 rouge regarde le N° 2 bleu, le N° 1 bleu regarde le N° 2 rouge.

A ce moment seulement commence le chant et l'exercice proprement dit. L'exercice consiste à imiter différents corps de métier.

Le forgeron. — L'élève tient son poing gauche fermé à hauteur de poitrine, un peu en avant.

1er temps. Le poing droit se lève à hauteur du front. 2. Il s'abaisse sur le poing gauche en faisant le geste de frapper avec un marteau sur l'enclume. 3. Le poing droit s'élève à nouveau. 4. Il s'abaisse.

Le menuisier. — L'élève tient les deux mains fermées et rapprochées l'une de l'autre à hauteur de ceinture.

1er temps. L'élève avance les deux mains horizontalement, en avant de lui, et penche en même temps un peu le corps en avant, faisant le geste de raboter. 2. Il se redresse et ramène les deux mains près du corps, à hauteur de poitrine. 3. Comme au 1er temps. 4. Comme au 2me temps.

Le mécanicien. L'élève tient la main gauche à demi fermée, à hauteur de poitrine. La paume est tournée vers le haut.

Au 1er temps, il retire de côté et légèrement en arrière la main droite fermée à hauteur de poitrine. Le pouce et l'index sont presque allongés comme s'ils tenaient une lime. 2. Il avance horizontalement la main droite au-dessus de la main gauche, toujours immobile, en faisant le geste de limer. 3. Il retire le bras droit de côté comme au 1er temps. 4. Comme au 2me temps.

Le tisserand. 1er temps. L'élève lance vivement ses deux mains latéralement à gauche sans toutefois étendre les bras complètement. 2. Immobile. 3. L'élève lance vivement ses deux mains latéralement à droite, sans étendre les bras complètement. Il fait le geste de lancer la navette du métier. 4. Immobile.

Durant les quatre premières mesures du couplet, les élèves du premier carré à droite *3 et 4 rouges et bleus* et du second carré à gauche *5 et 6 rouges et bleus* exécutent le métier de forgeron. Durant les quatre dernières mesures, ils exécutent le métier de tisserand.

Les deux autres carrés *1 et 2 rouges et bleus, 7 et 8 rouges et bleus* exécutent le métier de charpentier durant les quatre premières mesures et le métier de mécanicien durant les quatre dernières mesures.

À la 9me mesure, tout le monde cesse le métier, étend les bras latéralement puis les abaisse dans le rang.

REFRAIN (Les porteurs de fardeaux).

À un premier signal, tous les élèves font face à droite, ou face à gauche, ou demi-tour sur place, de façon à ce que les quatre élèves du carré 1 et 2 rouges et bleus regardent les élèves du carré opposé 7 et 8 rouges et bleus. Les élèves des deux autres carrés se tournent également les uns vers les autres. La figure 28 indique nettement ces positions. Ce sont celles marquées en pointillé *faire abstraction de tout le reste*.

À un second signal, tous les élèves font quatre pas en avant dans la direction qu'ils regardaient. Les petites flèches de la figure 28 indiquent ces directions. Quand les élèves 2 rouge, 3 bleu, 7 rouge et 6 bleu se sont rejoints à 1 mètre de distance, tout le monde s'arrête et, dans chaque carré, on prend la position qui convient pour tourner en rond dans le sens des

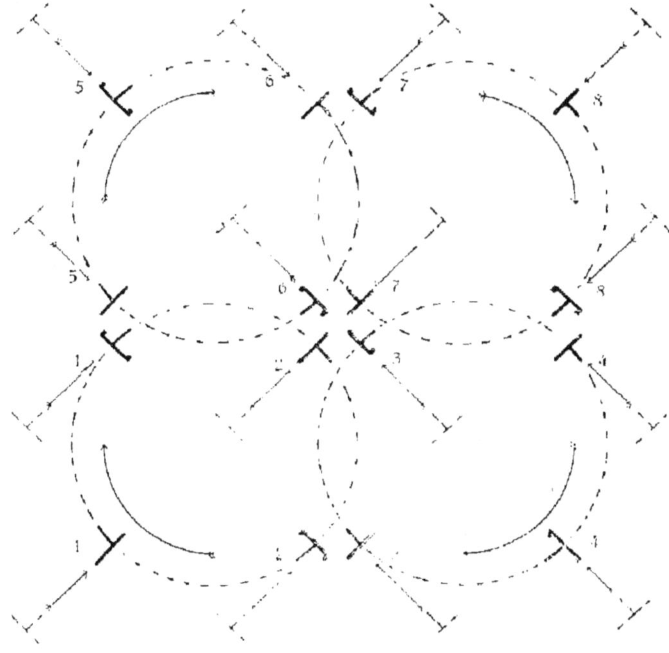

Fig. 28.

flèches courbes *fig. 28, positions tracées en lignes pleines*. À ce moment, chaque élève porte les poings aux épaules, coudes au corps, et l'on commence l'exercice et le chant du refrain.

Les élèves tournent par quatre et se croisent à l'intersection de chaque cercle. L'élève passe toujours à gauche de celui qui arrive devant lui. Cet exercice a deux phases principales : tantôt les élèves se croisent à l'intersection des cercles *fig. 29*; tantôt ils se rejoignent presque au milieu du terrain, mais sans se croiser *fig. 28*. C'est au moment où chaque élève passe ainsi à côté du point central qu'il baisse les mains dans la direction du centre, semblant se décharger d'un fardeau, puis remet les mains aux épaules.

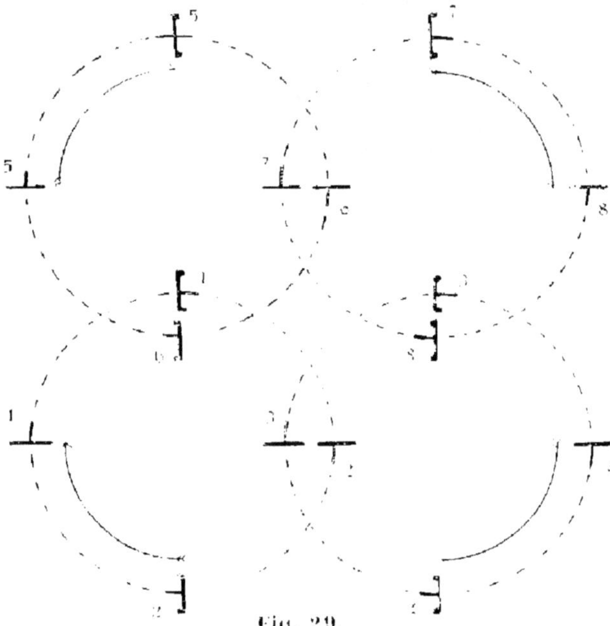

Cette ronde se fait au pas ordinaire.

On fait deux tours complets dans chaque carré, durant le chant du refrain, et l'on s'arrête à la position de la fig. 28.

Tout le monde fait à droite ou à gauche sur place de

Fig. 29.

façon à être face en avant. — Repos quelques instants.

TROISIÈME COUPLET & REFRAIN

Promenade des vieux

Et l' pauvre vieux,
Quand le jour s'achève,
Et l' pauvre vieux
Chant' pour ses p'tits fieux.
Il leur redit,
Pour bercer leur doux rêve,
Il leur redit
Les airs du temps jadis. Chantons gaîment !

De la formation en carré les élèves passent d'abord à la formation en ligne *fig. 30*. Dans chaque carré, les deux élèves

qui en formaient la base viennent se placer entre les deux
élèves de tête *même figure, les élèves qui se déplacent sont re-
présentés en pointillé* .

La première ligne reste immobile mais, à un nouveau signal,
le second rang vient se placer contre le premier.

Le premier rang fait à gauche sur place, le second rang fait
à droite *fig. 31* .

On commence le
chant et chaque rang
se met en marche en
file indienne en suivant
les chefs de file qui
sont le n° 5 rouge et le
4 bleu. Ceux-ci se re-
joignent au centre, font
un nouveau change-
ment de direction, le
5 rouge vers le fond de
la scène, le 4 bleu vers
l'avant. Ils s'arrêtent
quand ils sont au nom-

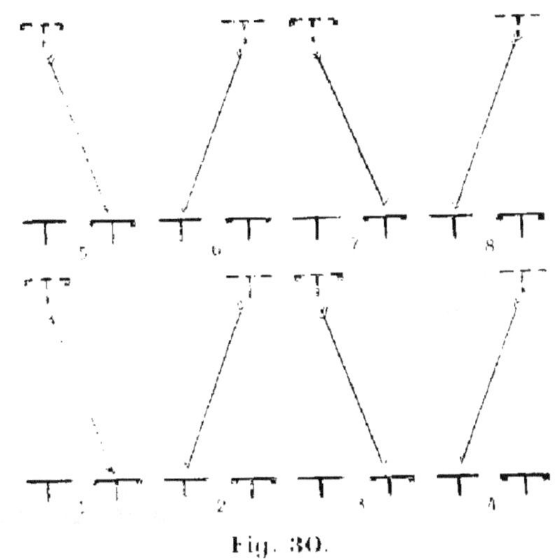

Fig. 30.

bre de quatre sur cette nouvelle ligne. Les autres sont restés
sur la ligne précédente de façon à former comme les quatre
bras d'une croix.

Cette première partie s'est exécutée au pas glissé avec sur
saut *pas VI, jambe levée en arrière, deux temps par pas*. Le
complet est à peu près terminé. Même s'il ne l'était pas, tout le
monde fait à droite *3, 4, 5, 6 rouges et bleus*, ou à gauche
1, 2, 7, 8 rouges et bleus, sur place, pour être prêt à tourner
dans le sens de la flèche, et la croix se met en route, tandis que
les élèves exécutent le pas chassé du pied gauche *pas IV*. Les
quatre élèves qui sont aux extrémités extérieures des ailes ont
le bras gauche levé en demi cercle à hauteur de la tête. Les
autres se donnent le bras tandis que les élèves du centre se
tiennent le poignet droit. *Fig. 12, III*.

Après un tour complet de la croix, on s'arrête : chacun fait
à droite ou à gauche sur place pour être prêt à partir dans la

direction inverse de l'arrivée. Le n° 1 rouge et le n° 8 bleu sont chefs de file. À un signal, on va se reformer sur le devant de la scène, en ligne sur deux rangs, en suivant l'itinéraire tracé en ligne pointillée, fig. 31. Tout le monde fait face en avant.

Quelques instants de repos.

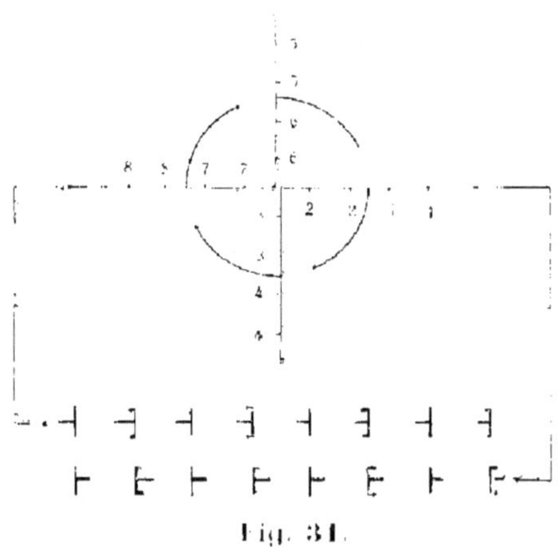

Fig. 31.

CINQUIÈME COUPLET
et REFRAIN

El la chanson
Passe d'âge en âge.
El la chanson
Rend joyeux et bon.
De nos vieux chants
Transmettons l'héritage.
De nos vieux chants
À nos petits enfants.
Chantons gaîment !

À un premier signal le second rang fait deux pas en arrière pour se trouver à 2 mètres du premier : dans chaque rang chaque élève écarte les bras latéralement pour prendre ses distances. À un nouveau signal tout le monde abaisse les bras dans le rang et les élèves 1, 2, 3, 4, 5, 6, 7, 8 rouges font à gauche sur place. Les 8 élèves bleus font un à droite. *Position de la fig. 32, I.*

On commence alors le chant et l'exercice. Chaque élève se met en route et exécute un trajet en serpentine en croisant à droite le premier élève qu'il rencontre, à gauche le second, comme à la figure 32.

Cet exercice diffère cependant de ce dernier, parce que chaque fois que deux élèves se croisent, ils se prennent par le bras ou par la main, et exécutent ensemble un tour complet avant de reprendre le trajet en serpentine au point où ils l'ont laissé *fig. 32, II.* Cette ronde se fait de droite à gauche quand les élèves se croisent à droite ; elle se fait de gauche vers la droite quand les élèves se croisent à gauche.

Le tracé en ligne pleine et en pointillé de la fig. 32 permet

de suivre facilement le parcours des élèves. De même, la première et la seconde partie de cette figure montrent bien les
élèves se croisant d'abord à droite, puis à gauche (1). Ce mouvement se fait au pas jeté ordinaire (pas VII). On compte 2 me-

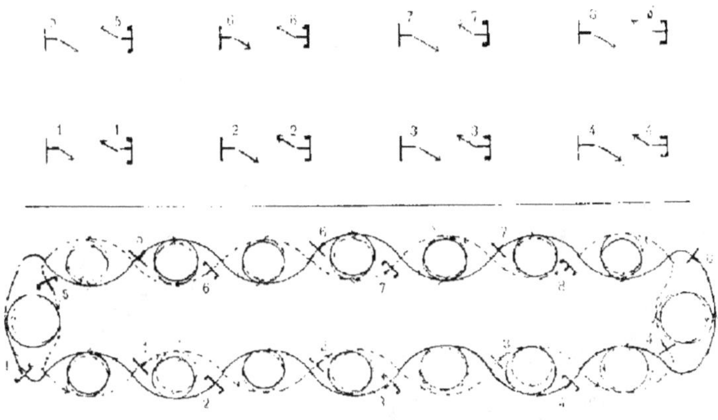

Fig. 32.

sures ou 8 pas pour qu'un élève se croise en faisant un tour
complet puis revienne sur la ligne. On pourra répéter deux
fois le refrain. A un signal, tout le monde s'arrête sur la ligne,
face en avant. Puis on fait à droite ou à gauche, dans chaque
file, et l'on remonte la scène par le côté pour disparaître au
pas gymnastique.

(1) Par exemple, le 6 rouge croise d'abord à droite le 6 bleu (Fig. 32, I)
et fait un tour complet avec lui. Le 6 rouge retrouve alors sur la ligne la
place qu'avait le 6 bleu et se prépare à croiser à gauche le 7 bleu qui se
présente devant lui (Fig. 32, II), etc.

Marche des Petits.

(Nº 9 des Chants des Patronages.)

Observations générales. — *Les mêmes que pour le numéro précédent.*

PREMIER COUPLET

Les élèves arrivent en file indienne des deux côtés de la scène; ils s'avancent jusqu'au milieu de la scène et là, chaque chef de file décrit une circonférence régulière *fig. 33. 1*. Quand les chefs de file sont revenus au milieu et que les cercles sont bien formés, on s'arrête un instant, puis on reprend la marche, en commençant la première mesure du chant et en exécutant le pas glissé avec sursaut *pas VI, jambe levée derrière, deux temps par pas*. Les cercles en mouvements sont distants l'un de l'autre d'un bon mètre. Quand un numéro impair de la file des bleus arrive au point le plus rapproché, il tend la main au numéro impair correspondant des rouges qui passe au même moment. Ces deux élèves exécutent ensemble la moitié d'un petit tour jusqu'au moment où ils se trouvent sur la circonférence du cercle opposé. Ils se lâchent et continuent le parcours dans ce nouveau cercle. La figure 33, II, montre les positions respectives des élèves quand les numéros 1 et 3 ont déjà fait le changement de cercle et que les numéros 5 se préparent à le faire à leur tour.

Au bout d'un tour complet, le mélange des bleus et des rouges est opéré dans chaque cercle et l'on s'arrête un instant.

REFRAIN

Le N° 1 rouge, chef de file du cercle de droite, se trouvant à l'endroit où les deux cercles sont le plus voisins, sort des rangs et se dirige

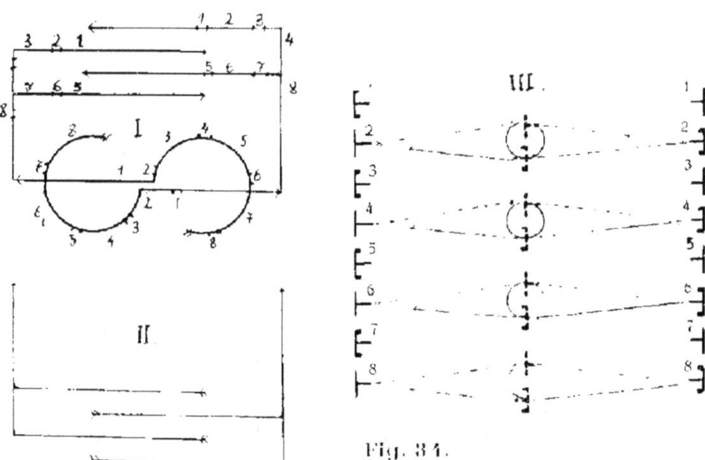

Fig. 33.

Fig. 34.

vers le côté gauche de la scène, devant lui. Le N° 1 bleu, chef de file du cercle de gauche, passe à droite du N° 1 rouge et se dirige vers le côté droit de la scène *fig. 34. I*. Chaque chef de file, suivi des autres élèves, remonte vers le fond. Dès que les 8 élèves sont en ligne latérale, les numéros 1 et 5 rouges font à droite en marchant et se dirigent en deux files vers le côté droit de la scène *fig. 34. I*. Les numéros 1 et 5 bleus du côté opposé font à gauche et se dirigent vers le côté gauche de la scène. Les quatre rangs ainsi formés se croisent, et bientôt ils arrivent de chaque côté de la scène où ils font un changement de direction *fig. 34. II*, pour former de chaque côté une ligne latérale de 8. On s'arrête en faisant à droite ou à gauche sur place, de façon à occuper la position indiquée par la fig. 34. III. en tracé plein.

Aussitôt tous les numéros pairs, rouges et bleus de chaque rang, se mettent en route les uns vers les autres *fig. 34. III*. Arrivés au milieu, ils se prennent la main deux par deux, font ensemble un tour complet, se lâchent pour aller prendre place sur la ligne opposée. On a de cette façon du côté droit une file régulière de rouges et du côté gauche les 8 bleus. Tous les exercices de ce refrain se font au pas ordinaire.

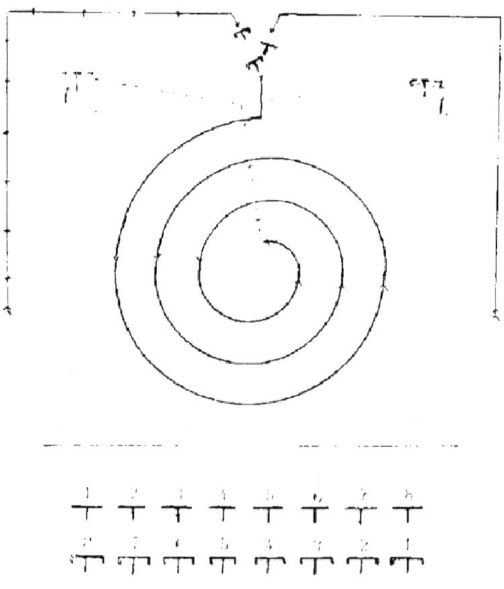

Quelques instants de repos.

DEUXIÈME COUPLET

On fait à droite ou à gauche dans chaque ligne pour se tourner vers le fond, et tout le monde se met en marche en file indienne en suivant l'itinéraire de la fig. 35 et en chantant le couplet. Arrivées au milieu, les deux files se joignent en une seule, un bleu passant devant un rouge, et ainsi de suite. Le chef de file, le N° 1 bleu, décrit une spirale. Les autres le suivent stricte-

Fig. 35.

ment. Quand le chef de file est arrivé au centre, tous les élèves se prennent les mains et le chef de file sans s'arrêter se tourne vers le fond de la scène et traverse directement les trois lignes d'élèves en passant sous les trois ponts successifs formés par les bras levés de ses camarades *fig. 35*. Les autres élèves le suivent et ne se lâchent les mains qu'à la sortie du dernier pont. A ce moment chaque élève se rend individuellement et en courant au fond de la scène, les rouges à gauche et les bleus à droite, pour se reconstituer en 2 lignes homogènes de rouges et de bleus dans l'ordre indiqué à la fig. 35 *seconde partie*.

REFRAIN

Les élèves sont donc groupés au fond de la scène en deux lignes de 8, les bleus d'abord. On commence le refrain, et la ligne des bleus s'avance seule vers le bas de la scène. Arrivés

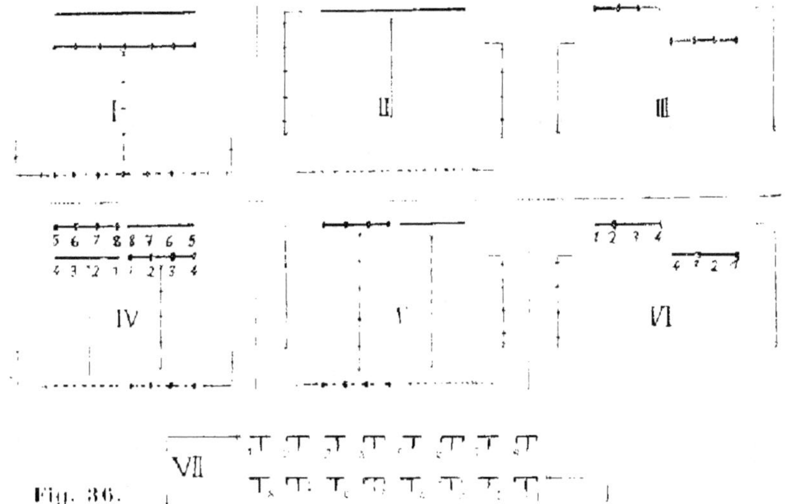

Fig. 36.

au terme *fig. 36. I*, les quatre élèves de gauche font à gauche en marchant, se dirigent vers le côté gauche et remontent vers le fond de la scène en file indienne. Les quatre élèves de droite vont à droite et remontent par le côté droit. Dès que le front de la scène est dégagé, la ligne des rouges s'avance à son tour pour se diviser par 4 à droite et à gauche *fig. 36. II* et remonter la scène par les côtés, tout comme ont fait les bleus. Arrivés au fond de la scène, les bleus font à gauche et à droite en marchant et se placent en ligne de 4, les 4 élèves de droite un peu avant ceux de gauche, comme l'indique la figure 36, III. Les rouges arrivent à leur tour et viennent à droite et à gauche compléter les lignes. La figure 36, IV, montre clairement la résultante de cette première manœuvre.

La première ligne de 8 se remet aussitôt en marche en avant *fig. 36, IV*, et, arrivée en avant de la scène, se divise en deux : les rouges vont à gauche, les bleus à droite, puis remontent la scène par le côté, tout comme tout à l'heure. A ce moment, la seconde ligne se met en route en avant et fait de même *fig. 36, V*. Arrivés au fond de la scène, les groupes de quatre prennent les positions indiquées à la figure 36, VI, en mélangeant les couleurs, comme c'est noté. La ligne de gauche comprend le 1 rouge, le 2 bleu, le 3 rouge, le 4 bleu ; la ligne de droite comprend le 4 rouge, le 2 bleu, le 2 rouge, le 1 bleu. Quand les deux groupes qui formaient la seconde ligne arrivent à leur tour au fond de la scène, chaque élève se disperse également de façon à obtenir l'ordre et la numérotation indiquée fig. 36, VII.

Tout le monde fait face en avant. Quelques instants de repos.

TROISIÈME COUPLET

Il se passe à exécuter un exercice assez spécial que nous expliquons de suite :

Deux gymnastes sont l'un vis-à-vis de l'autre, à 50 centimètres de distance, talons réunis, mains à la poitrine, coudes à hauteur des épaules.

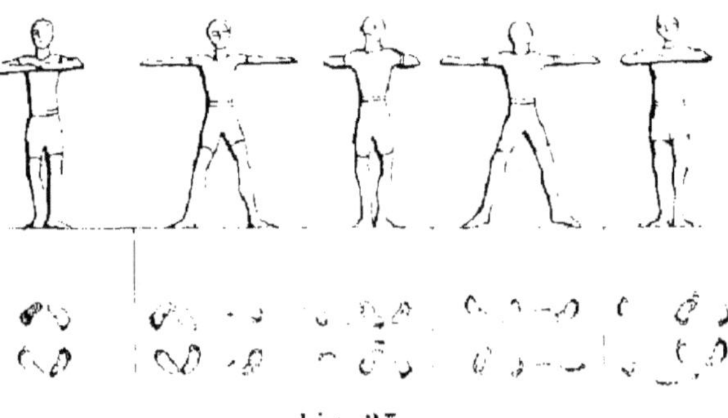

Fig. 37.

La fig. 37 représente l'un de ces élèves aux

différentes positions de l'exercice. Dans le bas, on a représenté la position des pieds. La première ligne indique les pieds du gymnaste dont on a la figure; la seconde, ceux du gymnaste qui accomplit en même temps l'exercice vis-à-vis du premier.

Le tracé avec des hachures indique le pied droit; le tracé pointillé indique un départ du pied.

1re mesure 1/2 Déplacement du pied gauche à gauche, écartement latéral des bras *(fig. 37, 2me position)*.

3/4 L'élève décrit un demi-cercle en pivotant sur le talon gauche et en se tournant vers l'intérieur, de la droite vers la gauche. Il replace en même temps les mains à la poitrine et pose le pied droit à côté du gauche *(fig. 37, 3me position)*. Les deux élèves se tournent donc le dos.

2e M. 1/2 Déplacement du pied droit à droite et extension latérale des bras *(1re position)*.

3/4 L'élève décrit un demi-cercle en pivotant sur le talon droit de la gauche vers la droite. Il place en même temps les mains à la poitrine et pose le pied gauche à côté du droit. Les élèves se retrouvent face à face *(5me position) (1)*.

On recommence le 1er temps de la 1re mesure, etc...

L'élève vis-à-vis accomplit les mêmes mouvements symétriquement du pied droit d'abord au lieu du pied gauche.

Au début du couplet les élèves sont en ligne des deux côtés de la scène. Les élèves auxquels on a appris l'exercice précédent sortent des rangs. Nous supposons que ce soient les n°s 7 et 8 rouges et bleus 2 *(fig. 38, I)*.

Le 8 rouge va donc se placer vis-à-vis du 8 bleu, et le n° 7 rouge vis-à-vis du n° 7 bleu. Ils font l'exercice deux par deux tandis que les élèves restés sur la ligne chantent le couplet.

Ils s'avancent ainsi peu à peu vers le haut de la scène. Quand

---

(1) Les petites flèches des 3e et 5e carrés de la figure 37 montrent dans quel sens les élèves doivent tourner pour être dos à dos, puis vis-à-vis.

(2) Dans ce cas l'exercice s'exécute en deux endroits de la scène en même temps par deux groupes de deux élèves. On aurait pu se contenter d'apprendre le mouvement à deux élèves seulement qui l'exécuteraient au milieu de la scène.

ils sont au niveau des numéros 1, ils se séparent et regagnent leurs places dans le rang en passant derrière leurs camarades, comme l'indiquent les flèches de la figure.

Durant ce temps, les autres élèves sont restés à leur place, mains aux hanches et exécutant le pas battu alternatif, page 57, pas 1.

REFRAIN

À un signal, tous les élèves se mettent en route en ligne en commençant le refrain *fig. 38, II. Le trait plus gros indique la file de gauche*. Quand la file de gauche est arrivée au milieu, elle se partage en deux files de quatre. Les n°° 1 rouge, 2 bleu, 3 rouge, 4 bleu font à droite en marchant, viennent sur le front de la scène, se dirigent ensuite vers le côté pour remonter vers le fond. Les quatre autres, 5 rouge, 6 bleu, 7 rouge, 8 bleu ont fait en même temps un à gauche en marchant, se sont dirigés vers le fond de la scène, puis vers le côté gauche pour descendre ensuite vers l'avant *fig. 38, III*. Les élèves de la file de droite

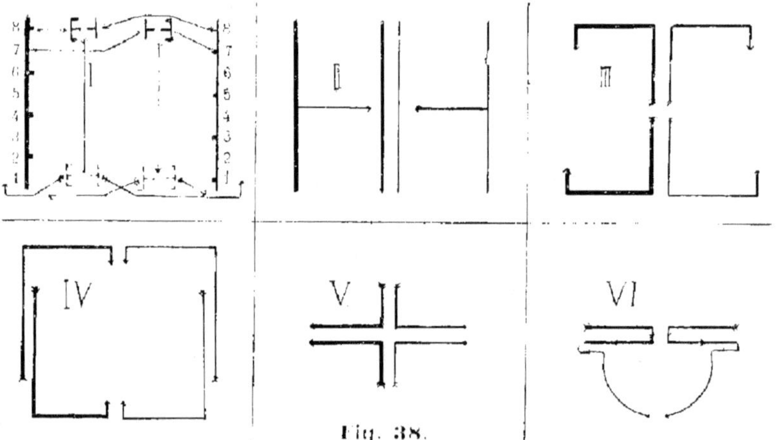

Fig. 38.

suivent un itinéraire absolument identique. Les quatre premiers font à gauche en marchant, descendent vers l'avant de la scène, etc., les quatre autres font à droite et remontent vers le fond, etc...

Reprenons les élèves du côté gauche. Le groupe qui remontait

la scène a rencontré l'autre groupe qui descendait vers l'avant
et l'a croisé à gauche *fig. 38. IV*. Quand les deux chefs de file
sont arrivés aux extrémités de la scène, ils se dirigent parallèlement vers le milieu : arrivés au milieu ils se dirigent l'un
vers l'autre *même figure*. Quant ils se rejoignent au centre du
terrain *fig. 38. V*, le chef de file qui arrive du fond de la
scène fait à droite en marchant, le chef de file opposé fait à
gauche et ils marchent ainsi en file double cinq ou six pas
jusqu'au moment où les 8 élèves sont arrivés sur les lignes. Du
côté droit de la scène, on a accompli en même temps un trajet
analogue.

Après un instant d'arrêt les élèves du premier rang, sans
changer de direction, suivent l'itinéraire indiqué par la
figure 38. VI. Ils s'avancent pour former une circonférence
régulière et très grande, les élèves de la seconde ligne suivent
ceux de la première comme l'indique la même figure.

Arrivé sur le pourtour du cercle chaque élève tourne le dos
au centre, écarte les bras latéralement de façon à être suffisam-
ment distant de son camarade pour l'exercice suivant.

Repos quelques instants.

QUATRIÈME COUPLET & REFRAIN

Les élèves sont arrivés mélangés, un rouge à côté d'un bleu.
Tous les rouges font un à droite sur place comme s'ils avaient
à tourner en cercle de la gauche vers la droite. Les bleus, au
contraire, font un à gauche sur place pour tourner dans le
sens opposé *fig. 39*.

A un signal, tout le monde se met en route : chaque élève
croise d'abord à droite le premier élève qui se trouve devant
lui ; il croise à gauche le second qui se présente, et ainsi de
suite. Chaque file accomplit ainsi un trajet en serpentine indiqué en trait plein pour la file des bleus et en pointillé pour
la file des rouges.

On exécute cet exercice au pas glissé avec sursaut, ou mieux
au pas chassé alternatif *pas V. 2 temps par pas*. On fait le pas

chassé à droite quand on croise à droite, le pas chassé à gauche quand on croise à gauche.

A la fin du refrain, coup de sifflet, arrêt d'un instant. Les

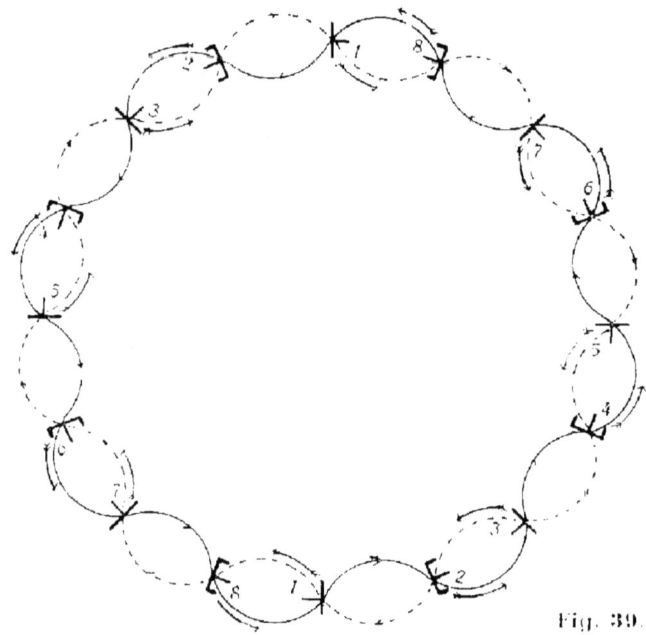

Fig. 39.

élèves de la première demi-circonférence en avant de la scène font face au côté gauche et s'en vont au pas jeté vers le fond de la scène. La seconde partie fait face au côté droit et part dans cette direction. La figure 13. H. indique bien ce mouvement de sortie.

VI

Exercices d'école de section.

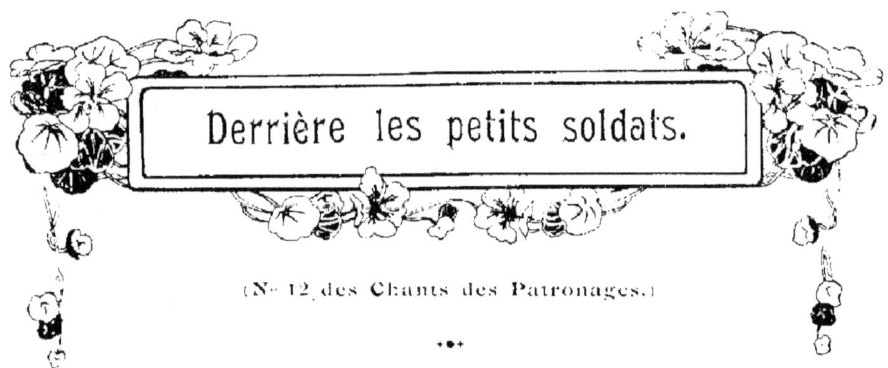

(N° 12 des Chants des Patronages.)

Observations préliminaires. *Les mouvements d'école de section peuvent se prêter à des formations intéressantes. Si les gymnastes sont bien exercés, ils exécuteront facilement les commandements, tout en continuant le chant.*

Ces exercices peuvent varier à l'infini : nous en donnons ici quelques exemples qui pourront servir d'intermède à une fête de gymnastique en plein air, etc.

On s'est servi des commandements de l'école du soldat sans armes et de l'école de section. On trouvera dans tous les règlements militaires l'explication des mouvements et des commandements que nous ne pouvons donner ici en détail.

Nous n'indiquons pas non plus le nombre de pas à exécuter durant chaque formation différente. Cela dépend essentiellement des dimensions du terrain d'exercice.

Les dessins qui suivent donnent le plan général des positions successives et la représentation des mouvements différents d'école de section.

Ces figures sont faites pour une section de 32 élèves, la dernière figure pour 18 élèves. Ce nombre est essentiellement variable. Les limites du terrain d'exercice sont figurées par le tracé carré qui entoure chaque schéma.

PREMIER COUPLET & REFRAIN [1]

La troupe est rassemblée en ligne sur deux rangs au centre

(1) Il était inutile de noter ici la musique et les paroles de la chanson. On les trouvera dans le recueil complet.

du terrain. Un élève de la section peut porter un drapeau. Les élèves sont numérotés de 1 à 4.

En avant, marche. La troupe s'avance en ligne *fig. 10, 1*.

À droite par quatre, marche *ib. 2*. On se trouve alors en colonne par quatre.

Changement de direction à droite, marche *ib. 3*.

Fig. 10.

Vers la droite en ligne, marche *ib. 4*. La troupe avance en ligne quelques pas, puis :

À droite par quatre, marche *ib. 5*.

Vers la droite en ligne, marche *ib. 6*.

À droite par quatre, marche *ib. 7*.

Vers la droite en ligne, marche *ib. 1*.

À droite par quatre, marche.

Section, halte. La section s'arrête en colonne par quatre, vers le milieu du terrain, à l'endroit où elle se trouvait au début de l'exercice *ib. 2*.

Quand le refrain est terminé, quelques clairons peuvent jouer un moment l'un des intermèdes du supplément.

Si la section est bien assouplie, on peut exécuter les quatre exercices à la suite, sans arrêt.

DEUXIÈME COUPLET & REFRAIN

En avant marche. La section s'avance en colonne par quatre vers le côté gauche du terrain.

En ligne face à droite, marche *fig. 11, 1*.

Par la gauche en avant par quatre *ib. 2*, marche.

La troupe se trouve en colonne par quatre.

En ligne face à droite, marche *ib. 2*.

Par la gauche, en avant par quatre, marche *ib. 4*.

En ligne face à droite, marche *ib. 5*.

Par la gauche en avant par quatre, marche *ib. 7*.

Fig. 11.

En ligne face à droite, marche *ib. 8*.

Par la gauche en avant par quatre, marche *ib. 9*.

Section, halte. La troupe s'arrête en colonne par quatre, au milieu du terrain.

TROISIÈME COUPLET & REFRAIN

En avant, marche. La section s'avance en colonne par quatre.

En ligne, face à droite, marche *fig. 12, 1*.

Face à gauche, marche *ib. 2*.

À droite par quatre, marche *ib. 4*. La troupe marche quelques instants en colonne par quatre.

En ligne, face à droite, marche *ib. 5*.

Face à gauche, marche *ib. 6*.

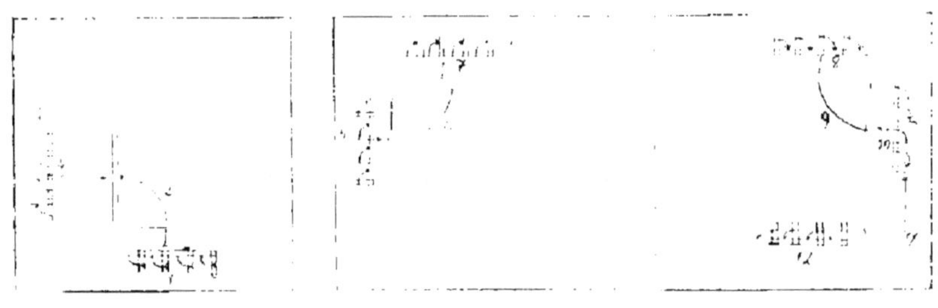

Fig. 12

À droite par quatre, marche *ib. 7*.

En ligne, face à droite, marche *ib. 8*.

Face à gauche, marche *ib. 9*.

À droite par quatre, marche *ib. 10*.

Changement de direction à droite, marche *ib. 11*.

En ligne, face à gauche, halte *ib. 12*.

QUATRIÈME COUPLET & REFRAIN

Chaque demi-section manœuvre séparément sous le commandement de deux chefs différents: on veillera à accomplir les mouvements d'une façon symétrique.

En avant, marche, pour toute la section qui s'avance en ligne *fig. 43. 1*.

A droite par quatre, marche, pour la demi-section de gauche; à gauche par quatre, pour la demi section de droite *ib. 2*.

Fig. 43.

Changement de direction à droite *à gauche* 1, marche *ib. 3*.

En ligne face à droite *à gauche*, marche *ib. 4*.

Les deux demi-sections marchent en ligne l'une vis-à-vis de l'autre. Quand elles sont distantes de 8 mètres:

Par la gauche *la gauche*, en avant par quatre, marche *ib. 5*.

Changement de direction à droite *à droite*, marche *ib. 6*.

En ligne face à droite *à droite*, marche *ib. 7*.

Face à droite 2 *à gauche*, marche *ib. 8*. Les deux demi sections marchent en ligne vers le haut du terrain. La demi section qui est actuellement à gauche fait le pas plus court pour perdre l'avance qu'elle a sur l'autre groupe.

(1) Les commandements écrits en lettres italiques sont pour la demi section de droite.

(2) Ce premier commandement est toujours fait pour la demi section de gauche, mais qui se trouve actuellement sur le côté droit du terrain.

À gauche *à droite* par quatre, marche *ib. 9*. Les colonnes par quatre se dirigent l'une vers l'autre. Quand elles sont distantes de 7 mètres :

En ligne face à gauche *à droite*, marche *ib. 10*.

La section entière est alors réunie en ligne sur deux rangs. Elle revient au milieu du terrain :

Section, halte.

TABLE DES MATIÈRES

I. — Série d'ensembles avec cerceaux.

II. — Série d'ensembles avec barres.

III. — Série d'ensembles avec drapeaux.

IV. — Série d'ensembles à mains libres.

V. — Série de marches et contremarches, Jeux divers.

VI. Exercices d'école de section.

Suppléments hors texte.

Quatre planches de photogravures.
Un carnet noté d'intermèdes pour clairons.

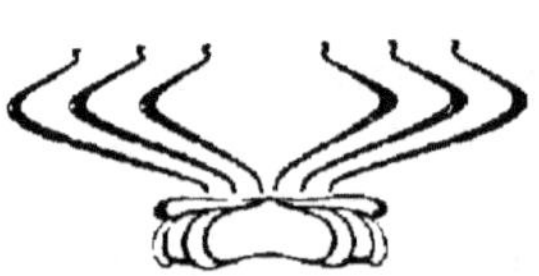

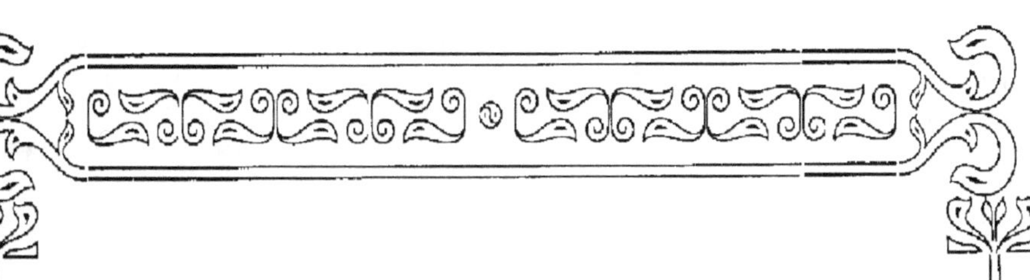

Chants

de

Gymnastique

INTERMÈDES

Pour Clairons et Tambours

Marche des Patronages.

Suivons le Drapeau.

3

A Jeanne d'Arc [1].

Les Trois Couleurs.

(1) Avec cet intermède, monter le chant d'un demi-ton.

Flottez au vent !

Chœur du Bivouac [1].

(1) Quand on se servira de cet intermède, on recommandera aux chanteurs de baisser d'un ton, afin d'être en harmonie avec les clairons.

Marche des Gymnastes [1]

Sambre-et-Meuse des Patronages.

(1) Avec cet intermède, monter le chant d'un demi-ton.

6

La Patrie Française.

I. — Ensembles avec cerceaux

1

2

3

4

5

6

7

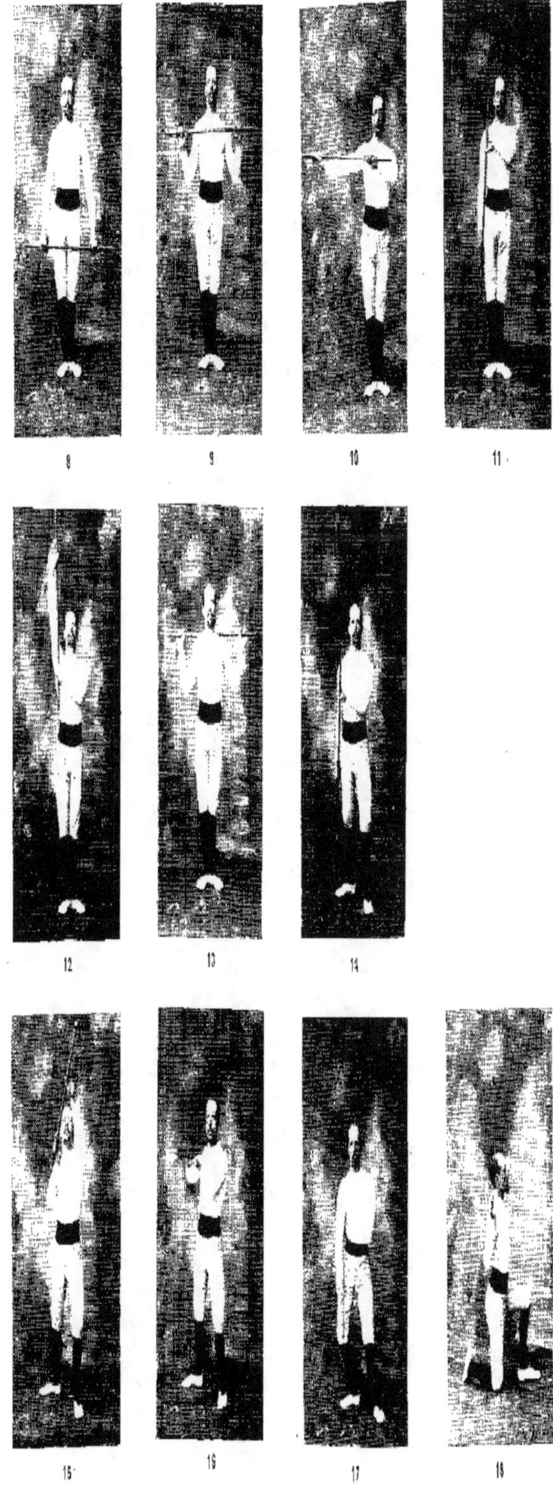

8

9

10

11

12

13

14

15

16

17

18

III. Ensembles avec drapeaux

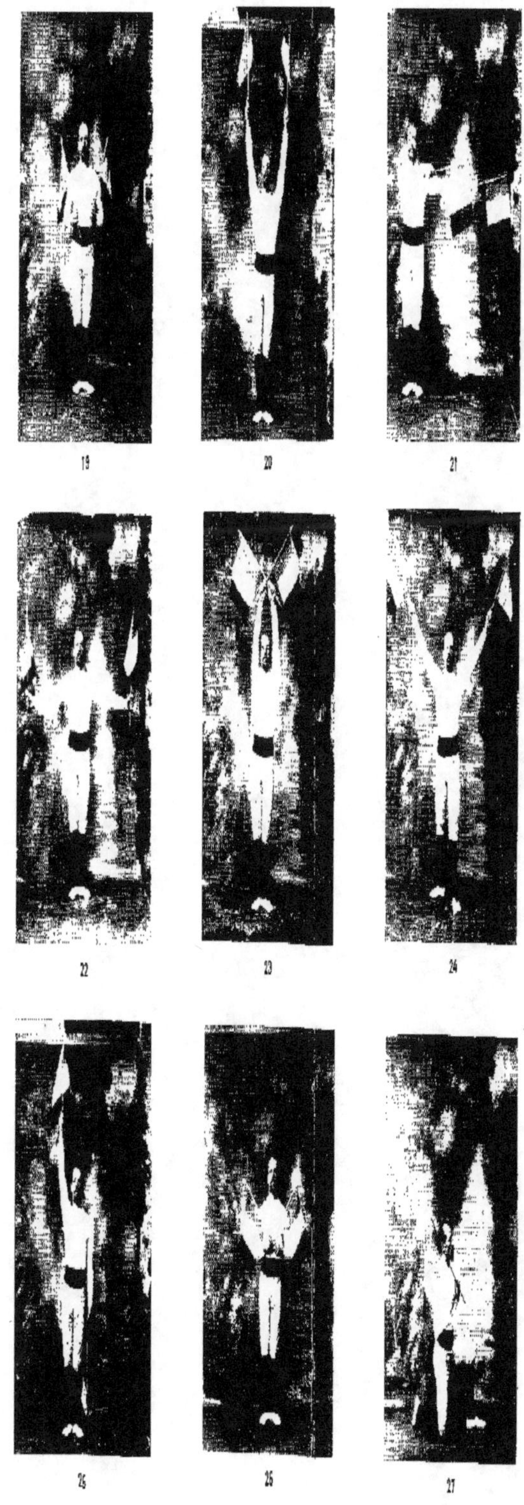

19   20   21

22   23   24

25   26   27

IV. — Ensembles à mains libres.